Kürbis

Köstlich & vielseitig

Hans Peter Fink

Kürbis

Köstlich & vielseitig

Fotografiert von
Kurt-Michael Westermann

pichler verlag

Dank

Mein größter Dank geht an meine Familie sowie unser gesamtes Team im Gasthaus. Sie alle machen es mir möglich, mich für Projekte wie dieses freizuspielen. Ein junges motiviertes Team hinter sich zu wissen, macht kreatives Kochen um vieles leichter.
Besonderen Dank möchte ich an Erika Seidl richten, die mich schon vor vielen Jahren über selbst gezogene Kürbisse und mit vielen Tipps zum Thema Kürbis beraten hat. Für einige Rezepte und Beiträge aus Erika Seidls Buch „Kochen mit steirischen Kürbiskernen und Kürbiskernöl" möchte ich hier an dieser Stelle ein ehrliches Dankeschön sagen.

ISBN 978-3-85431-637-4

styria BOOKS

UMSCHLAGGESTALTUNG: Bruno Wegscheider
BUCHGESTALTUNG: Maria Schuster
COVERFOTOS UND ALLE ÜBRIGEN FOTOS:
Kurt-Michael Westermann
KÜRBIS-FOTOS Seite 6–7: Norbert Tutschek
FOODSTYLING: Hans-Peter Fink
LEKTORAT: Christine Dobretsberger
REPRODUKTION: Pixelstorm, Wien

DRUCK UND BINDUNG:
Gorenjski tisk storitve d.o.o.
7 6 5 4 3 2 1
Printed in Slovenija

Wie kam der Fink auf den Kürbis?

Schon als kleiner Bub bei der Brandltante bzw. bei der Oma im Hausgartl lernte ich den echten Geschmack von Gemüse, Kräutern und Früchten kennen. Aufgewachsen als Wirtssohn in Riegersburg war Kürbis zu dieser Zeit ein Lebensmittel wie andere auch. Für uns Kinder bot diese Frucht allerdings von jeher vielseitige Einsatzmöglichkeiten: Ob es das Schnitzen von gruseligen oder lustigen Fratzen im Herbst war oder das Fußballspielen mit getrockneten Kürbissen am Feld – Kürbis war schon damals für uns ein besonders faszinierender „Allrounder".
Aus kulinarischer Sicht sah die Sache damals freilich weitaus weniger originell aus: Es gab entweder Kürbiskernöl oder Kürbisgemüse als Beilage. Den regelrechten Run auf Kürbisgewächse wie beispielsweise auf Muskat-, Spaghetti- oder Hokkaido-Kürbis gibt es erst seit zwei Jahrzehnten.
Für mich ist immer wichtig, dass sich Kochen mit Kürbis und seinen Artverwandten nicht auf ein rein vegetarisches Vergnügen beschränkt. Einen Teil der über viele Jahre gesammelten und erprobten Rezepte finden Sie nun gesammelt in diesem Buch.
Zum Abschluss noch eines vorweg: Kürbisse wissen zu überraschen. Nicht zuletzt auch aus botanischer Sicht, wo Kürbisse – wie Tomate und Gurke – genau genommen zu den Beerenfrüchten zählen. Quasi Riesen-Beeren, die je nach Kultivierung stark in Größe und Form variieren. Und ebenso abwechslungsreich wie ihr Aussehen ist auch die Bandbreite der kulinarischen Einsatzmöglichkeiten: Ob als würzig pikante Vorspeise, als cremige Suppe, Risotto- oder Pastagericht – die Palette der Rezeptideen ist nahezu unerschöpflich. Kürbis harmoniert ebenso perfekt mit Fleisch-, Wild- und Geflügelkreationen wie mit raffinierten Fischgerichten. Überaus verführerisch zeigt sich Kürbis allerdings auch von seiner süßen Seite! Kurzum: Für Abwechslung ist ab sofort gesorgt, wenn Kürbis am Speiseplan steht!

Ich wünsche Ihnen ungebremste Kochfreude
und einen guten Appetit!

Hans-Peter Fink

Kürbis

Inhalt

Ambercup: 1–1,5 kg

Atlantic Giant: 30-100 kg

Baby Bear: 0,5–1,5 kg

Baby Boo: 0,1–0,4 kg

Birne gestreift: Zierkürbis

Casper: 3–3,5 kg

Celebration: 0,7-1 kg

Chestnut: 0,6–1 kg

Dornenkrone: Zierkürbis

Eichelkürbis: 5–21 kg

Gelber Zentner: 15–50 kg

Golden Hubbard: 2-5 kg

Howden: bis 10 kg

Langer von Nizza: 3–8 kg

Marble: 1,2–3 kg

First Price: 10–30 kg

Floridor: 0,4–0,7 kg

Gartenkürbis: 1,5–2,5 kg

Green Delicious: 2–5 kg

Grey Star: 2–4 kg

Mini Red Turban: 0,3–0,6 kg

Papaya Pear: 0,5 kg

Patissons/Ufos: 0,4–0,6 kg

Pink Banana: 5–15 kg

Racer: 5–6 kg

Stripetti: 1,5–3 kg

Sweet Dumpling: 0,3–0,9 kg

Tabergmouzt: 1–4 kg

Tom Fox: 8–9 kg

Ultra Butternut: 3–6 kg

eu de Hongrie: 4–10 kg

Brodee: 5–21 kg

Butternuss: 0,7–2,5 kg

igenkürbis: 2–5 kg

Festival: 0,6–0,9 kg

Gelber Krummhals: 0,4–0,7 kg

skat- o. Moschuskürbis: 7–40 kg

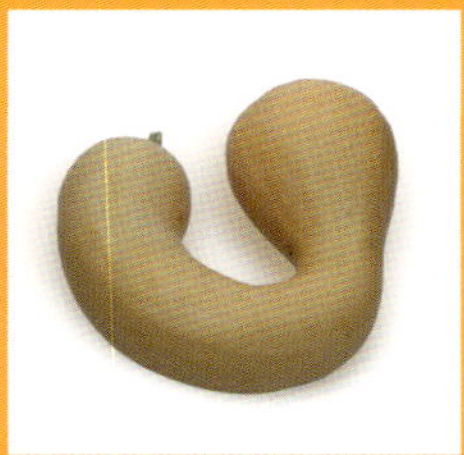
Neck Pumpkin: 5–15 kg

Ölkürbis: 3–5 kg

kkaido: 1–3 kg

Marina di Chioggia: 4–9 kg

Meter Moschata: 20–50 kg

te Warze: 5–10 kg

Rouge vif d'Etampes: 8–15 kg

Spaghetti-Kürbis: 1,5–3 kg

gar. Bratkürbis: 1–3 kg

Weißer Ufo: 0,5–1,5 kg

Zenith: 0,8–2,5 kg

Kürbis

Arten & Verarbeitung

VIELFALT, DIE STAUNEN MACHT

Kürbis ist ein kalorienarmes, vitamin- und mineralstoffreiches Nahrungsmittel, das zudem auf das Immunsystem stärkend wirkt. Auf Grund seines hohen Wasseranteils sind Kürbisse ideal für Diäten geeignet. Zählt man die botanischen Kürbisarten innerhalb der Familie der Cucurbitaceae, zu denen auch Gurken und Melonen gehören, so sind diese mit fünf Kategorien zunächst noch überschaubar. Unübersichtlicher wird es dann allerdings bei den einzelnen Kürbissorten, von denen bis dato mehr als tausend registriert sind und die sich rein optisch nur geringfügig unterscheiden.

Aus botanischer Sicht unterscheidet man zunächst den **Speise- oder Riesenkürbis** (Cucurbita maxima). Diese – ursprünglich aus Südamerika stammende – Sorte ist sehr lange haltbar und wird unter anderem auch in China, Japan, Ägypten, Frankreich, Italien und Griechenland kultiviert. Wie der Name schon andeutet, bringen Cucurbita-maxima-Sorten die größten Früchte hervor. Exemplare von über 600 kg sind keine Seltenheit! Allerdings umfasst diese Gattung auch relativ kleine Sorten wie beispielsweise die knapp 1–2 kg schweren Hokkaido-Kürbisse.

Der **Feigenblattkürbis** (Cucurbita ficifolia) hat hingegen als Gemüse kaum Bedeutung. Er wird vorwiegend als Veredelungsunterlage von Gurken und Melonen verwendet.

Anders die besonders vielfältigen Formen des **Cucurbita argyrosperma** (vormals auch Cucurbita mixta genannt), einem in Zentral- und Südamerika weit verbreiteten Gemüsekürbis.

Die **Moschuskürbisse** (Cucurbita moschata) zählen zweifelsohne zu den delikatesten Speisekürbissen. Besonders gefragt sind die Sorten Muskatkürbis, Butternuss bzw. Langer von Neapel. Moschuskürbisse sind unempfindlich gegenüber hohen Temperaturen und werden weltweit in sehr warmen Regionen angebaut. Sie sind – bei richtiger Lagerung – in der Regel mehrere Monate haltbar. Ihr dunkelgelbes Fruchtfleisch enthält besonders viel Carotin.

Interessante Formen hat der so genannte **Gartenkürbis** (Cucurbita pepo) zu bieten, der auch in unseren Breiten gedeiht. Bemerkenswert ist vor allem die Vielfalt seiner unterschiedlichen Erscheinungsformen. So zählen sowohl die zierlichen Patissons als auch **Zucchini,** Spaghettikürbis sowie der steirische Ölkürbis (Cucurbita pepo var. styriaca) zu dieser Gattung. Aus den nährstoffreichen Kernen des **steirischen Ölkürbisses** – die einzige Kürbisart, die um ihre Samen keine harte Schale ausbildet, sondern nur eine filigrane Haut – wird das dunkelgrüne, angenehm nussig schmeckende Kürbiskernöl gewonnen.

Sommer- oder Winterkürbis

Sommerkürbisse wachsen vergleichsweise schnell und werden meist unreif geerntet. Oft werden sie auch als Gemüsekürbisse bezeichnet. Die Früchte haben weiche Kerne und eine dünne Schale. Meist werden sie – wie Zucchini oder Patissons – mit „Haut und Haar", also mit Schale und Kernen, verarbeitet und verspeist. Einziger Nachteil: Die Haltbarkeit hält sich in Grenzen und beträgt oft nur zwei Wochen.

Winterkürbisse sind hingegen sehr lange haltbar. Da man sie erst im voll ausgereiften Stadium erntet, erreichen die oft kugelförmigen Früchte bisweilen riesige Ausmaße und weisen eine harte, feste Schale auf. Der verholzte Stiel ist ein Zeichen von Qualität, weil sich daran ablesen lässt, dass der Kürbis nicht zu früh geerntet wurde. Wäre dies der Fall, würden sich Haltbarkeit und Aroma verringern. Winterkürbisse kommen vorzugsweise geschält zum Einsatz. Ihr gelb- bis orangefärbiges Fruchtfleisch ist weicher und faseriger als das der Sommerkürbisse.

Zucchini kennen wir zumeist dunkelgrün und in der Form gurkenähnlich. Doch gibt es auch hellgrüne, weiße und goldgelbe Sorten bzw. Zucchini mit stark marmorierter Schale oder runde Früchte, die sich besonders gut zum Füllen eignen. Zucchini bilden buschförmige, nicht kletternde Pflanzen aus. Runde Zucchini sind allerdings nicht zu verwechseln mit den Rondini (Cucurbita pepo), deren rankende Pflanze Früchte ausbildet, die

sich bei der Reife von dunkelgrün zu orangerot färben. Sie sind, anders als Zucchini, nicht für den Rohgenuss geeignet. Mit Letzteren botanisch eng verwandt ist auch der Flaschenkürbis (Lagenaria siceraria), dessen schlanke, hellgrüne Früchte im unreifen Zustand mitsamt der Schale zubereitet werden können. Die Blüten des Ölkürbisses sowie Zucchiniblüten lassen sich in verschiedenster Art und Weise verarbeiten.

Kürbis in der Küche

Die harte ungenießbare Schale der Winterkürbisse sowie das im rohen Zustand oft gar nicht allzu weiche Fruchtfleisch sind der Grund dafür, dass beim Vorbereiten von Kürbissen anfangs meist ein wenig Kraft – oder zumindest die richtige Schneidetechnik und das richtige Schneidewerkzeug – vonnöten ist.
Deshalb gilt für viele Rezepte der Rat, den Kürbis zuerst in Spalten oder Stücke zu zerteilen. Auf diese Weise kann man das Fruchtfleisch besser herauslösen. Hat man das einmal bewerkstelligt, ist das Schlimmste geschafft. Das Fruchtfleisch wird dann entweder zur Weiterverwendung in Stücke geschnitten oder geraspelt. Oder man gart die ganzen Spalten ungeschält im Ofen. Anschließend kann man das Fleisch mühelos herauslösen und pürieren.

Steirisches Kürbiskernöl

Pflanzliche Öle nehmen in der Ernährung des Menschen eine überaus wichtige Rolle ein. Im Gegensatz zu tierischen Fetten belasten sie den Organismus praktisch nicht mit Cholesterin und versorgen ihn mit essenziellen, d. h. lebensnotwendigen, mehrfach ungesättigten Fettsäuren und vor allem mit Vitamin E. Steirisches Kürbiskernöl nimmt auf Grund seines hohen Gehalts an wertvollen Inhaltsstoffen und seines einzigartigen Geschmacks innerhalb der pflanzlichen Öle eine Sonderstellung ein. Es wird aufgrund seiner besonderen Farbe auch das „schwarze Gold" der Steiermark genannt. Im Gegensatz zu industriell raffinierten pflanzlichen Ölen handelt es sich um ein rein naturbelassenes Öl. Es ist nicht nur äußerst wohlschmeckend, sondern auch gesund. Wissenschaftliche Studien haben ergeben, dass steirisches Kürbiskernöl im Vergleich zu anderen Speiseölen verstärkt vor freien Radikalen schützt. Mit anderen Worten: Steirisches Kernöl ist besonders reich an wirksamen Schutzstoffen (Antioxidantien), die freie Radikale unschädlich machen. Zudem zeigt Kürbiskernöl speziell bei Problemen mit den Harnwegen, der Blase und der Prostata positive Wirkung. Für Letzteres zeichnen die besonders im steirischen Kürbiskernöl vorkommenden Phytosterine verantwortlich, die auf Grund der strukturellen Verwandtschaft zu bestimmten körpereigenen, am Stoffwechsel von Androgenen beteiligten Substanzen, die hormonelle Stimulation der Prostatazellen herabzusetzen vermögen. Kürbiskernöl eignet sich auch auf Grund seines überaus günstigen Fettsäuremusters (über 50 % Linolsäure), des hohen Gehalts an Vitamin E, Carotinoiden, Phytosterinen und Selen sowie des Fehlens von Cholesterin zur Vorbeugung von Herz-Kreislauf-Erkrankungen.

Kürbis

Vorspeisen & Zwischendurch

KÜRBISKERNÖL-FRÜHSTÜCKSEI

4 Portionen | Zubereitungszeit: 15–20 Minuten

Zutaten

8 Eier (vorzugsweise mit Bio-Qualität)
1 l Wasser
50 ml Essig
Fleur de Sel
Pfeffer aus der Mühle

Zubereitung

- Acht Suppentassen mit einem größeren Stück Klarsichtfolie auslegen und mit je einem Spritzer Essig beträufeln. Vorsichtig in jede Tasse 1 aufgeschlagenes Ei hineingleiten lassen, wobei der Eigelb nicht beschädigt werden darf. Folie zu einem Säckchen drehen und am besten mit einem Bindfaden gut verschließen.
- In einem großen Topf Wasser sowie den restlichen Essig zum Kochen bringen. Säckchen hineinhängen und Eier knapp unter dem Siedepunkt (bei 90 °C) 5 Minuten ziehen lassen.
- Je 2 pochierte Eier behutsam aus der Folie in tiefe Teller setzen, mit Kürbiskernöl beträufeln und mit Fleur de Sel und frisch gemahlenem Pfeffer servieren.

Tipp: Lassen Sie die Eier nicht zu lange im Wasser, sie sollten innen noch cremig und wachsweich sein. Frisch geschnittene Kräuter sowie getoastete Schwarzbrotstreifen machen einfache Gerichte zum echten Erlebnis!

MEINE STEIRISCHE KERNÖL-EIERSPEISE

2 Portionen | Zubereitungszeit: 10 Minuten

Zutaten

6 Eier (vorzugsweise mit Bio-Qualität)
3 EL Schweineschmalz oder Pflanzenöl (Menge je nach Geschmack steirisches Kürbiskernöl)
1 Handvoll Frühlingskräuter, gehackt (wie Petersilie, Kerbel, Estragon)
Schnittlauch
Salz
Pfeffer aus der Mühle

Zubereitung

- Eier in eine Schüssel aufschlagen und mit einer Gabel grob versprudeln. Salz und Kräuter hinzufügen.
- Schmalz oder Pflanzenöl am besten in einer Gusseisenpfanne stark erhitzen, Eier einrühren und mit der Gabel von außen nach innen rühren, bis die Eiermasse leicht stockt und flockt. Mit steirischem Kürbiskernöl gut begießen und mit Pfeffer aus der Mühle bestreuen.

Tipp: Eine echt deftige Variante, die zu später Stunde eine besondere Kraft verleihen kann.

SOMMERSALAT MIT JUNGEN ZUCCHINI

4 Portionen | Zubereitungszeit: 40 Minuten

Foto rechts

Zutaten

6 Mini-Zucchini, halbiert
1 Spitzpaprikaschote, rot
1 Paprikaschote, orange
1 Paprikaschote, gelb
2 vollreife Paradeiser (Tomaten)
2 Stangenselleriestifte (ca. 100 g)
1 kleiner Kopf
Treviso oder Radicchiosalat
1 Artischocke, roh und klein
Parmesan (ca. 50 g), gebrochen
20 Kalamata-Oliven
Olivenöl

Für die Marinade

40 ml Olivenöl
30 ml weißer Balsamessig oder Rotweinessig
2 EL Kapern, fein gehackt
20 ml Kapern-Einlegewasser
Salz
etwas weißer Pfeffer, gemahlen
1 EL Basilikum, fein geschnitten
Fleur de Sel (zum Bestreuen)

Zubereitung

- Die Artischocken von holzigen Blättern befreien, das so genannte „innen liegende Heu" mit einem Kaffeelöffel oder Parisienneausstecher auskratzen. Die Artischocke mit der Aufschnittmaschine sehr fein aufschneiden und sofort in heißem Pflanzenöl goldbraun frittieren. Auf Küchenpapier abtropfen lassen. Die Paprikaschoten (im Ganzen) im Ofen bei 200 °C auf einem Blech, mit etwas Olivenöl bespritzt, ca. 20 Minuten grillen. Danach erkalten lassen, in grobe Streifen zerteilen und die Haut abziehen. Die Zucchini sowie die in kleine Stifte geschnittene, geschälte Selleriestange kurz in Salzwasser überkochen und mit Eiswasser abschrecken.
- Für die Marinade alle Zutaten gut miteinander vermischen. Die Paradeiser in Spalten schneiden und gemeinsam mit den anderen Gemüsesorten durch die Marinade ziehen. Dekorativ auf Tellern anrichten, den geputzten Salat und die Oliven anlegen und mit Artischockenchips, Fleur de Sel sowie Parmesan bestreuen. Bei Zimmertemperatur servieren.

Tipp: Dieser Salat zeigt, wie schön der Sommer nicht nur im Garten, sondern auch am Teller sein kann. Wichtig ist generell bei allen Salaten, sie nicht zu kalt zu servieren, da sie dann bekömmlicher und aromatischer sind.

KÜRBISKERNÖL-DRESSING

500 ml Dressing | Zubereitungszeit: 10 Minuten

Zutaten

300 ml Kürbiskernöl
100 ml Apfelessig
1 Knoblauchzehe
Meersalz 100 ml Joghurt (oder Sauerrahm)
Saft von 1 Zitrone
2 EL Kren, gerieben

Zubereitung

Alle Zutaten gut mit einem Stabmixer mixen und abseihen. In Flaschen oder Schraubgläser füllen und kalt stellen.

Tipp: Gut gekühlt hält dieses Dressing mindestens 10 Tage. Ich verwende es gern für Blattsalate, Bohnen, aber auch für gemischte Salatkreationen. Sollte dieses Dressing zu dickflüssig sein, kann es mit etwas Gemüsefond verdünnt werden.

MUSKAT-KÜRBISSCHNITTE MIT ZUCCHINI-TATAR

6 Portionen | Zubereitungszeit: 2 Stunden

Zutaten

2 Scheiben Toastbrot, entrindet und quer halbiert

Für die Kürbis-Mousse

400 g Muskatkürbis, geschält
2 Schalotten, geschält
250 ml Hühnerfond
1 Schuss Weißwein
8 Blätter Gelatine
300 ml Obers (Sahne), geschlagen
1 Spritzer Zitronensaft
½ Knoblauchzehe, zerdrückt
Salz
Pfeffer aus der Mühle
Tabasco
Olivenöl

Für das Apfelgelee

200 ml Apfelsaft
100 ml trockener Weißwein
4 Blatt Gelatine

Für die Deko

4 EL Chili-Kürbis (siehe Rezept Seite 86)
100 g Zucchini, in 3 mm Würferl geschnitten
Salz
Pfeffer aus der Mühle
Olivenöl
1 Zweigerl Thymian
Kerbelblätter

Zubereitung

- Das Kürbisfleisch fein würfeln und mit etwas Wasser weich dünsten. Schalotten fein hacken und in Olivenöl anschwitzen. Mit Weißwein ablöschen, Geflügelfond und Kürbis zugeben, mit Salz, Pfeffer und Tabasco würzen und ca. 3 Minuten köcheln lassen. Mit dem Stabmixer fein pürieren und passieren. Masse nochmals kurz erhitzen. Gelatine in kaltem Wasser einweichen, ausdrücken und zugeben. Mit Zitronensaft sowie Knoblauch aromatisieren und geschlagenes Obers unterziehen. Eine Springform (ca. 12 cm breit und 20 cm lang) oder eine Terrinenform mit Klarsichtfolie auslegen. Das Toastbrot einlegen, mit der Mousse befüllen und für ca. 1 Stunde in den Froster stellen.

- Für die **Zucchiniwürferl** Olivenöl erhitzen, Würferl glasieren und mit Thymian, Salz und Pfeffer würzen; kalt stellen.

- Für das **Gelee** den Apfelsaft mit dem Weißwein aufkochen lassen und die eingeweichte, ausgedrückte Gelatine zugeben, temperieren und die Mousse damit abglänzen. Im Kühlschrank für 10 Minuten kühl stellen. Die Mousse aus der Form nehmen, in 6 Tranchen schneiden (am besten mit einem in heißes Wasser getauchten dünnen Messer) und auf Teller setzen. Mit Zucchiniwürferl und Chili-Kürbis anrichten und mit Kerbelzweigerl belegen.

Tipps: Terrinenformen (für kalte Creme oder Mousse) bestreiche ich mit Öl, dann lege ich die Klarsichtfolie ein und verstreiche sie mit einem „Knäuel" Küchenpapier. So hat die Folie fast keine Falten und man kann problemlos weiterarbeiten. Die Mousse könnte man auch mit geschmortem Paprika-, Zucchini- oder Broccolipüree herstellen. Der Kreativität sind keine Grenzen gesetzt, man könnte auch Kürbispesto oder Kürbiskernöl darüberträufeln.

GRÜNSPARGEL-KERNÖLCREME MIT ROHSCHINKEN

4 Portionen | Zubereitungszeit: 1 Stunde

Zutaten

600 g grüner Spargel
Salz
etwas Tabasco
80 g Kürbiskernöl
12 Scheiben Rohschinken
Schaffrischkäse
1 Handvoll Frisée-Salat, klein gezupft
100 g Berglinsen, ca. 2 Stunden eingeweicht (am besten Beluga-Linsen)

Für die Marinade

4 EL Traubenkernöl
1 Prise Zucker
Salz
etwas Muskatnuss, gerieben
2 EL weißer Balsamessig

Zubereitung

- Spargel waschen und schälen. 6 Spargel der Länge nach sehr dünn aufschneiden und eng nebeneinander auf eine Klarsichtfolie auflegen. Mit einem Ausstecher (9 cm Durchmesser) vorsichtig Kreise ausstechen und diese mit einem feuchten Tuch abdecken.
- Den restlichen Spargel in wenig Salzwasser (zugedeckt) rasch weich kochen, abschrecken und fein pürieren. Kürbiskernöl, Tabasco und Salz mit dem Mixer einrühren, danach fein passieren und kalt stellen.
- Linsen waschen, kurz in Salzwasser blanchieren, abschrecken und marinieren. Mithilfe desselben Ausstechers die Spargelcreme ca. 6 mm hoch auf kalten Tellern mittig aufstreichen. Nun mit der Klarsichtfolie die Spargelkreise aufsetzen und mit Marinade bestreichen. Den Schinken mit Schaffrischkäse füllen, zu Röllchen drehen und auflegen. Mit Frisée-Salat und Linsen garnieren und mit getoastetem Weißbrot servieren.

LACHSFORELLE MIT MELONENKÜRBIS UND KÜRBIS-CHUTNEY

4 Portionen | Zubereitungszeit: ca. 20 Minuten

Foto links

Zutaten

500 g Lachsforellenfilet od. Lachsfilet, entgrätet, zugeputzt
150 g Kürbis-Chutney (siehe Seite 29)
300 g asiatischer Melonenkürbis oder Speisekürbis, geschält und entkernt
Meersalz
Saft von 1 Limette
etwas Olivenöl
1 Prise brauner Zucker
1 Handvoll Zwiebelsprossen
1 KL Wasabipaste
Balsamapfelessig
3 EL Erdnussöl, kalt gepresst

Zubereitung

- Die Forellenfilets mit einem scharfen, dünnen Messer fein aufschneiden. Melonenkürbis mittels Gemüsehobel fein nudelig reiben, leicht einsalzen und nach ca. 10 Minuten gut ausdrücken. Mit Limettensaft, Olivenöl, braunem Zucker und etwas Tabasco pikant marinieren.
- Auf Teller kleine Häufchen setzen, die Lachsforellenfilets leicht mit Wasabipaste einstreichen und mit der bestrichenen Seite nach unten auf den marinierten Kürbis setzen. Die Zwiebelsprossen darüberstreuen, Kürbis-Chutney in kleinen Häufchen dazugeben und mit Erdnussöl und Balsamessig beträufeln.

STEIRER-SALAT MIT KÜRBISKERNÖL

4 Portionen | Zubereitungszeit: 20 Minuten (90 Minuten für die Käferbohnen)

Zutaten

400 g Käferbohnen, roh (ca. 150 g)
1 geräucherte Bauchspeckschwarte
110 g rote Zwiebeln, geschält
70 g grüne Paprikaschoten
250 g Pökelzunge oder Braunschweiger („Dürre")
160 g gekochtes Geselchtes (Schopf oder Schulter)
120 g pikant eingelegter Kürbis (siehe Rezept Seite 159)

Für die Marinade

Petersilie
1 Knoblauchzehe, fein gehackt
1 TL Kapern
50 ml Kürbiskernöl
40 ml Mostessig
40 ml Wasser oder Suppe
Salz, Pfeffer
Salatblätter
1 Ei, hart gekocht und in Scheiben geschnitten

Zubereitung

- Die Käferbohnen über Nacht einweichen, mit der Schwarte kochen lassen, abseihen und kurz mit kaltem Wasser abschrecken. Anschließend kalt stellen. Zwiebeln und Paprikaschoten in große Würfel schneiden, in kochendem Salzwasser 20 Sekunden blanchieren, in Eiswasser abschrecken und auf einem Tuch trocknen lassen.
- Die übrigen Zutaten ebenfalls groß würfelig schneiden (die Bohnen bleiben ganz).
- Knoblauch, Petersilie und Kapern hacken und mit den restlichen Zutaten der Marinade vermengen. Nun alles gut vermischen und kurz ziehen lassen.

Tipp: Dieser Salat ist ideal für heiße Tage, aber auch im Winter gut zu genießen.
Ich serviere ihn mit Kürbiskern- oder Schwarzbrot, des Öfteren auch mit hart gekochtem Ei.

TATAR VOM ALMO-OCHSEN MIT EINGELEGTEM SENFKÜRBIS

4 Portionen | Zubereitungszeit: 20 Minuten

Foto rechts

Zutaten

600 g Rindslungenbraten oder Rinderrücken, sauber zugeputzt
2 Essig- oder Senfgurkerl
4 kleine Schalotten
6 Kapern
4 Sardellenfilets
Dijonsenf (nach Belieben)

Zubereitung

- Gurkerl, Sardellenfilets und Kapern fein hacken. Schalotten kurz in kochendem Wasser blanchieren, abkühlen lassen und ebenfalls fein hacken. Das sauber zugeputzte, gut gekühlte Fleisch zuerst in Streifen, dann in feine Würferl schneiden und mit einem Wiegemesser fein hacken. Für die Marinade alle Zutaten gut miteinander verrühren und unter das Tatar mischen. Würzig abschmecken. Nach Belieben Gurkerl, Schalotten, Kapern, Sardellenfilets und Senf unter das Tatar mischen und anrichten. Mit Senfkürbis, frischen Kräutern sowie etwas Kürbiskernöl servieren.

Für die Marinade

100 ml Bierschaum
4 EL Olivenöl
1 Spritzer Tabasco und Worcestershiresauce
etwas Zitronensaft
2 EL rote Paprikaschoten, geschmort und püriert
Salz
Pfeffer aus der Mühle
eingelegter Senfkürbis (siehe Rezept Seite 158)

Beilagenempfehlung: knuspriges Baguette, Toastbrot oder Erdäpfelpuffer.

Tipp: Zum luxuriösen Frühstücksgericht wird das Beef Tatar, wenn Sie dazu heiße Ofenerdäpfel mit Rahm sowie Kaviar reichen. Perfekt passen auch ein Glas Bier oder Champagner dazu!

KNUSPRIGER SCHAFFRISCHKÄSE MIT ZUCCHINI-OLIVENSALAT

4 Portionen | Zubereitungszeit: 20–30 Minuten

Foto rechts

Zutaten

4 milder Schaffrischkäse à 120 g (kein Feta – dieser ist hierfür zu salzig)
4 Scheiben Toastbrot
Olivenöl (zum Braten)
Zucchini, gebraten
4 EL Taggiasca-Oliven
8 getrocknete Mini-Paradeiser (Tomaten)

Zubereitung

- Zucchini in Scheiben schneiden und laut Rezept zubereiten. Das Toastbrot quer mit einer Aufschnittmaschine halbieren. 8 ca. 10 cm große Kreise ausstechen. Nun den Schafkäse auf 4 Kreise setzen, mit den restlichen Scheiben belegen und gut andrücken. Die so entstandenen Sandwiches in Olivenöl beidseitig knusprig braten. Gut auf Küchenpapier abtropfen lassen und mit Zucchini, Oliven und den Paradeisern anrichten. Evtl. mit frischen Kräutern servieren.

Tipp: Für die Mini-Paradeiser ritze ich die Haut leicht an, überkoche sie kurz und schrecke sie rasch ab. Nun wird die Haut in Richtung Stängelansatz hochgezogen, die Paradeiser werden mit Olivenöl beträufelt und im Backrohr bei 80 °C (und leicht geöffneter Ofentür) 1 Stunde getrocknet.

KÜRBISRÖSTI MIT GERÄUCHERTEM LACHS

4 Portionen | Zubereitungszeit: ca. 30 Minuten

Zutaten

300 g Speisekürbis, geschält
200 g vorwiegend festkochende Kartoffeln, geschält
2 Eier
Salz
Pfeffer
30 g Mehl
1 EL Maisstärke
Muskatnuss
Öl (zum Braten)
200 g schottischer
Räucherlachs, geschnitten
1 Becher (125 g) Sauerrahm
Crème fraîche (zum Garnieren)
2 EL Schnittlauch, sehr fein geschnitten
Zwiebelringe

Zubereitung

- Kürbis und Erdäpfel grob raspeln (mit einer Röstireibe). In eine Schüssel geben, mit Eiern, Mehl, Maisstärke, Salz, Pfeffer und Muskatnuss vermischen bzw. abschmecken.
- In einer gusseisernen Pfanne Öl erhitzen, kleine Röstikuchen goldbraun backen und auf Küchenpapier gut abtropfen lassen.
- Lachs zu Röschen drehen und mit Rösti auf Tellern anrichten. Mit Crème fraîche und Schnittlauch bzw. Zwiebelringen servieren.

TAFELSPITZSULZ MIT FINK'S KÜRBISPESTO

ca. 8 Portionen | Zubereitungszeit: 1 Stunde (3 Stunden Kühlzeit) Foto unten

Zutaten

1 Terrinenform (Kastenform mit 1300 ml Inhalt)
1 EL Pflanzenöl
600 g Tafelspitz, gekocht (mit Aufschnittmaschine in 2 mm dicke Scheiben geschnitten)
6 cl Sherry (trocken)
2 Karotten
2 gelbe Rüben
¼ Knolle Sellerie
4 EL Schnittlauch, fein geschnitten
600 ml Rindsuppe (oder Suppe vom gekochten Tafelspitz)
10 Blätter Gelatine
Pfeffer aus der Mühle
Fleur de Sel
1 rote Zwiebel, geschält und in Ringerl geschnitten
Fink's Kürbispesto (siehe Rezept Seite 29)

Zubereitung

- Die Suppe mit 200 ml Wasser aufkochen lassen, die geschälten Karotten, gelben Rüben und Sellerie zugeben. Schön weich köcheln lassen. Danach das Gemüse aus der Suppe heben, auskühlen lassen und der Länge nach in 3 mm dünne Streifen schneiden.
- Die Gelatine einweichen, ausdrücken und zur Suppe beimengen. Mit Sherry, Salz und Pfeffer gut abschmecken.
- Die Terrinenform mit Öl auspinseln, Plastikfolie der Länge nach einlegen und mit Küchenkrepp glatt streichen. Nun in die noch warme, mit Gelatine versetzte Suppe Scheibe für Scheibe den Tafelspitz eintauchen und die Form damit auskleiden. Beim oberen Rand 6 cm überlappen lassen, etwas Suppe eingießen, Gemüse längs einlegen und wieder den in Suppe getauchten Tafelspitz einlegen. Diesen Vorgang dreimal wiederholen, mit Suppe abgießen und mit überlappendem Tafelspitz verschließen. Folie andrücken und 3 Stunden kalt stellen.

Tipp:
Die Sulz lässt sich – der Saison entsprechend – auch mit Radieschen, Spargel oder Essigschwammerln ergänzen.

- Nun die Terrine umdrehen und auf ein Blech stürzen. Folie abziehen und in 16 Scheiben (ca. 15 mm dick) schneiden. Je 2 Scheiben auf tiefen Tellern mittig anrichten, mit roten Zwiebelringerln garnieren, mit Balsamessig beträufeln und mit Fleur de Sel, Schnittlauch und Pfeffer würzen. Fink's Kürbispesto in kleinen Portionen rundum aufsetzen.

SULZ VOM JUNGSCHWEIN MIT KÄFERBOHNEN-KÜRBISKERNÖLCREME

10 Portionen | Zubereitungszeit: 3 Stunden (1 Tag Kühlzeit)

Zutaten

700 g Schweinsschulter mit Schwarte
400 g hintere Schweinshaxerl
300 g Karotten, Sellerie, gelbe Rübe (geschält und ganz)
Salz
5 Pimentkörner
1 Nelke
10 Pfefferkörner
1 Lorbeerblatt
6 cl Apfelessig
1 Zweig Liebstöckel
Balsam-Apfelessig
rote Zwiebelringerl oder Schalotten

Für die Käferbohnencreme

200 g Käferbohnen, gekocht
70 ml Kürbiskernöl
1 EL Kren, gerieben
Salz
Pfeffer

Zubereitung

- Für die Creme gekochte Käferbohnen mit Kürbiskernöl, Kren, Salz und Pfeffer gut püreeartig mixen und würzig abschmecken.
- Schulter und Haxerl – mit Wasser bedeckt – in einer passenden Kasserolle zustellen und leicht wallend kochen lassen. Immer wieder den aufsteigenden Schaum abschöpfen. Nach ca. 1 Stunde Wurzelwerk, Gewürze und Apfelessig beigeben. Nach ca. 2 Stunden das weich gekochte Fleisch aus dem Sud heben. Die Schwarten an der Innenseite vom Fett befreien. Haxerl von den Knochen lösen. Schwarten Fleisch und Wurzelwerk in 5 mm große Würferl schneiden. Die Suppe entfetten (abschöpfen), auf ca. 500 ml reduzieren und abseihen. 1 EL dieser Flüssigkeit gut durchkühlen lassen und die Festigkeit überprüfen: Ist keine Schnittfestigkeit gegeben, muss man durch Beigabe von Geliermittel (Gelatineblätter oder Trockenaspik) die Gelierkraft erhöhen.
- Sud und Einlage (Fleisch, Wurzeln) vermischen und in eine passende Form (oder Wurst-Kunstdarm) gießen.
- Einen Tag im Kühlschrank gut durchkühlen lassen. Die Form ganz kurz in sehr heißes Wasser stellen und die Sulz sofort stürzen, in Scheiben schneiden und mit der Käferbohnen-Kürbiskernölcreme sowie mit den Zwiebelringerln und dem Balsam-Apfelessig servieren.

Tipp: Sollte die Sulz zu wenig gelieren, so verwende ich auf 1 Liter Flüssigkeit ca. 14 Blatt Gelatine, damit die Masse fest wird.

FINK'S DELIKATE KOMBINATION MIT CHILIKÜRBIS

für 4 Personen | Zubereitungszeit: 1 Stunde

Foto rechts

Zutaten

200 g Vulcano-Schinken, 12 Monate gereift (oder Rohschinken)
1 Glas eingelegter Chilikürbis (siehe Rezept Seite 161)

Zubereitung

- Den hauchdünn geschnittenen Schinken gefällig auf Tellern anrichten. Mit frischen Kräutern garnieren und evtl. mit Kürbiskernbaguette (siehe Rezepte Seite 150) oder Schwarzbrot servieren.

KÜRBIS-SPECKKUCHEN

1 Spring- oder Tarteform (30–32 cm Durchmesser) | Zubereitungszeit: ca. 2 Stunden (4 Stunden Kühlzeit für Teig)

Zutaten

300 g Mehl
150 g Butter
80 g Topfen (Quark), passiert (20 %)
2 Eigelb
Prise Salz
Mehl (für die Arbeitsfläche)
300 g weiße Zwiebeln
ca. 150 g magerer Speck, klein geschnitten
300 g Muskatkürbis, gerieben, leicht gesalzen und ausgedrückt
4 EL Schnittlauch, fein geschnitten
8 EL Olivenöl

Für den Überguss

5 Eier
300 ml Schlagobers (Sahne) oder 200 g QimiQ, mit 100 ml Milch gemischt
100 g Emmentaler oder milder Bergkäse, gerieben
Salz
Pfeffer aus der Mühle
Muskatnuss
Tabasco
Butter (für die Form)

Zubereitung

- Für den Teig Mehl mit Butter, Topfen, Eigelb und einer Prise Salz vermengen und rasch zu einem glatten Teig verkneten. In Klarsichtfolie hüllen und 4 Stunden kalt rasten lassen.
- Zwiebeln halbieren und in Scheiben schneiden. Olivenöl in einer Pfanne erhitzen. Zwiebeln darin unter ständigem Rühren mit dem geraspelten Kürbis hell anschwitzen, vom Feuer nehmen und auskühlen lassen.
- Backrohr auf 200 °C vorheizen, Kuchenform mit Butter ausstreichen. Teig auf einer bemehlten Arbeitsfläche messerrückendick ausrollen und die Form so damit auslegen, dass der Teig ca. 2 cm über den Rand steht. Zwiebeln darauf gleichmäßig verteilen. Für den Überguss die Eier mit Obers verquirlen, gehackten Speck sowie den geriebenen Käse einrühren. Masse mit Salz, Pfeffer, Schnittlauch, etwas Tabasco und Muskatnuss würzen und über die Zwiebel-Kürbismischung gießen. Teigrand zwischen Daumen und Zeigefinger zu einem gefälligen Wulst formen.
- Im Rohr ca. 40 Minuten backen, herausnehmen und vor dem Anschneiden 10 Minuten rasten lassen.

Tipp: Wenn Sie den Teig zuerst „blind backen", wird der Kuchen noch knuspriger. Hierfür den Teig mit einer Gabel mehrmals stupfen, mit Backpapier belegen und dieses mit getrockneten Bohnen oder Linsen bedecken. Ca. 8 Minuten backen, Bohnen und Papier entfernen und wie oben beschrieben füllen. Diesen Kuchen esse ich gern mit grünem Salat.

KÜRBISKERN-TOPFENAUFSTRICH

2 Gläser à 350–400 g | Zubereitungszeit: 10 Minuten

Zutaten

400 g feiner Topfen (Quark), 20 %
100 g Gervais
100 g QimiQ
100 ml steirisches Kürbiskernöl
80 g Kürbiskerne, geröstet und gehackt
Salz
Pfeffer
Tabasco
2 EL Dijonsenf
1 KL Wasabipaste oder
Steirer-Kren

Zubereitung

- QimiQ schmelzen und glatt rühren. Danach alle Zutaten in eine Rührschüssel geben, cremig mixen und nach Belieben würzen.

Tipp: Sie können bei der Verwendung der Gewürze nach Ihrem Geschmack variieren. Verschiedenste Kräuter verleihen dem Aufstrich eine ganz spezielle Note.

KÜRBISPESTO

1 Schraubglas à 400 ml | Zubereitungszeit: 20 Minuten

Zutaten

150 g Kürbiskerne, geröstet und fein gerieben
150 g Kürbiskernöl
100 g Muskatkürbisfleisch, fein gerieben
2 EL Parmesan, frisch gerieben
Pfeffer aus der Mühle
Prise Salz

Zubereitung

- Kürbiskernöl mit den restlichen Zutaten gut verrühren und in sorgfältig ausgespülte Einmachgläser füllen. Gut gekühlt kann das Pesto ca. 2 Wochen gelagert werden.

Tipp: Der feine nussige Geschmack der Kürbiskerne harmoniert ideal mit vielen Nudelgerichten, eignet sich aber auch bestens zum Verfeinern von kalten Gerichten (Schafkäse, Salate, Räucherfische etc.).
Dieses Pesto wie auch Steirisches Kürbiskernöl sollte nie zu hoch in Gläser gefüllt werden, da es sich bei zu starker Wärme ausdehnt und ausrinnen kann.

FINK'S ECHT DELIKATES KÜRBIS-CHUTNEY MIT INGWER UND BALSAMESSIG

Für 4 Gläser à 500 ml | Zubereitungszeit: 1 Stunde (1 Nacht zum Marinieren)

Zutaten

1,5 kg Muskatkürbis, zerteilt und geschält
200 g Zwiebeln, gehackt
4 Knoblauchzehen, blättrig geschnitten
200 g Apfelwürferl
1 KL Vitamin C
150 g Rohrzucker
60 g helle Rosinen, gehackt
300 ml Apfelsaft
50 g Ingwer, gerieben
120 ml weißer Balsamessig
Kümmel
Senfkörner
Chili ohne Kerne, fein geschnitten
Meersalz
schwarzer Pfeffer, geschrotet

Zubereitung

- Kürbis schälen und klein würfelig (5 mm) schneiden. In ein passendes Gefäß geben, Gewürze und Ingwer untermengen und abgedeckt über Nacht ziehen lassen.
- Am nächsten Tag Zwiebeln und Äpfel würfelig schneiden. Rohrzucker mit Zwiebeln und Äpfeln hell karamellisieren. Kürbis sowie Rosinen beigeben und mit Apfelsaft ablöschen. Etwa 30 Minuten auf kleiner Flamme kochen lassen und mit Balsamessig geschmacklich abrunden.
- In heiß ausgespülte Gläser füllen, verschließen und im heißen Wasserbad etwa 15 Minuten ziehen lassen. Kühl und dunkel lagern.

Tipp: Dieses Rezept kommt unserem Originalrezept schon sehr nahe. Kürbis-Chutney ist wegen seines nicht zu dominanten Geschmacks äußerst vielseitig verwendbar und kann zu gebratenem oder gegrilltem Fisch oder Fleisch, zu Hühnergerichten, aber auch zu Käse serviert werden.

KÜRBISKERNSCHMALZ (AUFGESCHLAGEN)

ca. 8 Brote | Zubereitungszeit: 20 Minuten

Zutaten

100 g gutes Schweineschmalz
30 g Kürbiskernöl
1 EL steirische Kürbiskerne, sehr fein gemahlen
1 Knoblauchzehe
grüner Pfeffer, frisch zerstoßen
einige Knoblauchzehen (zum Belegen)

Zubereitung

- Schweineschmalz in eine kleine Rührschüssel geben und mit dem Kürbiskernöl so lange aufschlagen, bis es cremig weiß wird (am besten in einer Küchenmaschine).
- Nun die Aromen, 1 gepresste Knoblauchzehe, fein gemahlene Kürbiskerne, Pfeffer und Salz hinzufügen. Anschließend einige Zeit kühl stellen.
- Herzhaftes Schwarzbrot in Scheiben schneiden, mit dem Kürbiskernschmalz bestreichen und mit blättrig geschnittenen Zwiebeln belegen. Man kann die Brote zusätzlich auch mit gehackten Kürbiskernen bestreuen.

Tipp: Dieses Kürbiskernschmalz lässt sich über Wochen gut im Kühlschrank (in Einmachgläsern) lagern.

VOGERLSALAT MIT KÜRBISKERNÖL UND ERDÄPFELSTANGERLN

4 Portionen | Zubereitungszeit: ca. 1 Stunde

Zutaten

400 g Vogerlsalat, geputzt und gewaschen

Für die Marinade

Kürbiskernöl
Apfelessig
½ Knoblauchzehe, zerdrückt
Salz

Für die Erdäpfelstangerl

4 Blätter Frühlingsrollenteig (21 cm x 21 cm)
etwas Eiweiß (zum Bestreichen)
ca. 150 g speckige Erdäpfel (Kartoffeln), gekocht und geschält
2 EL Sauerrahm
Salz
etwas Chilipaste
1 EL Petersilie, gehackt
Pfeffer aus der Mühle
Pflanzenöl (zum Frittieren)
evtl. geröstete Schwammerl (nach Saison)

Zubereitung

- Für die Stangerl die Erdäpfel mit einer groben Krenreibe reiben. Mit den anderen Zutaten gut vermischen und pikant abschmecken. Die Masse sollte schön breiig, aber nicht zu flüssig sein. Masse in einen Dressiersack füllen.
- Die Frühlingsrollenteigblätter auf ein Küchentuch legen und zur Gänze mit Eiweiß bestreichen. Die Erdäpfelmasse daumendick auf das erste Drittel des Teiges dressieren. Seitenränder links und rechts ca. 1 cm einschlagen und den Teig zu straffen Rollen (ca. 2 cm breit) aufrollen.
- Die Stangerl in ca. 180 °C heißem Öl knusprig frittieren und gut abtropfen lassen.
- Den Vogerlsalat mit Kürbiskernöl, Apfelessig, Salz und Knoblauch gut abmischen, auf tiefen Tellern anrichten und mit den Stangerln servieren.

Tipp: Die Stangerl lassen sich problemlos einfrieren und bei Bedarf auch in gefrorenem Zustand gut herausbacken. Dieser Salat ist ein echter Renner, wenn er zusätzlich mit gerösteten Pilzen, Sprossen und gerösteten Kürbiskernen serviert wird.

KÄFERBOHNENSALAT MIT KÜRBISKERNÖL

4 Portionen | Zubereitungszeit: 2 Stunden (1 Nacht zum Einweichen)

Zutaten

200 g Käferbohnen, getrocknet
Salz
Pfeffer
Apfelessig (dreijährig im Eichenfass gelagert)
steirisches Kürbiskernöl
Zwiebeln, Kren, Rettich oder Kohlrabi (zum Verfeinern)

Zubereitung

- Die Käferbohnen über Nacht in kaltem Wasser einweichen. Am nächsten Tag in reichlich Wasser weich kochen (ca. 1 Stunde) und danach kalt abschrecken. Während der Garzeit sollte man darauf achten, dass das Wasser nur leicht köchelt.
- Die noch lauwarmen weichen Bohnen in eine Schüssel geben, mit Salz, Pfeffer, Apfelessig und Kürbiskernöl abschmecken. Sie können die Bohnen wahlweise mit frisch gerissenem Kren oder fein geschnittenen Zwiebeln verfeinern.

Tipp: In das Kochwasser gebe ich gern ein Stück Speckschwarte. Dies rundet den Geschmack der Bohnen besonders gut ab. Bitte niemals das Kochwasser salzen, da das Eiweiß der Bohnen ansonsten gerinnt und diese nicht richtig weich werden.

Tipp: Feuer- oder Prunkbohne *(lat. Phaseolus coccineus L.)*
Die echte steirische Käferbohne ist für die Hausfrau bzw. den Hausmann im Handel nur an der Marke „Steirisch aus gutem Grund" oder „Steirerland" erkennbar. Es sind auch chinesische Käferbohnen am Markt. Diese sind aber zumeist mit der steirischen Qualität nicht vergleichbar.
Da die Bohnen in getrocknetem Zustand gut lagerfähig sind, werden sie das ganze Jahr über angeboten. Der Name Käferbohne stammt übrigens aus dem Volksmund und bezieht sich darauf, dass manche Käfer diese Bohnen „zum Fressen" gern haben.

GRAZER KRAUTHÄUPTLSALAT MIT SAUERRAHM-KERNÖLDRESSING

4 Portionen | Zubereitungszeit: 10 Minuten

Zutaten

1–2 mittlere Krauthäuptl-Salatköpfe

Für das Dressing

50 ml Kürbiskernöl
1 KL Dijonsenf
100 g Sauerrahm
Saft von 1 Zitrone
Salz
etwas Tabasco
2 EL Schnittlauch, frisch geschnitten

Zubereitung

- Für das Dressing alle Zutaten sorgfältig verrühren und würzig abschmecken. Sorgfältig geputzten, gewaschenen und trocken geschleuderten Salat etwas zerkleinern und mit Dressing marinieren. Gut durchmischen. In tiefen Tellern anrichten und mit Brotwürferln, Sprossen oder Radieschenscheiben vollenden.

Tipp: Achten Sie darauf, nicht zu viel Marinade zu verwenden. Blattsalat, der „schwimmt", ist nicht so knackig und schmeckt lasch.
Sehr gern gebe ich bei Salaten immer etwas zum Knuspern dazu, wie z. B. Brotwürferl, getrocknete Brotscheiben oder einfach Sonnenblumen- oder Kürbiskerne. Somit erreiche ich ein besseres Geschmackserlebnis.

PIKANTER MINI-PATISSON-SALAT MIT HENDERLBRUST

4 Personen | Zubereitungszeit: 1 Stunde

Foto links

Zutaten

4 Hendlbrustfilets mit Haut (vom Steirerhuhn)
Olivenöl
Salz und Pfeffer aus der Mühle
12 Mini-Patissons (gelb und grün gemischt)
1 kleine rote Zwiebel
1 Kopf Radicchiosalat
2 Orangen

Für die Marinade

70 ml Olivenöl
40 ml weißer Balsamessig
Salz
Tabasco
frisch geschnittene Kräuter
1 EL Kapern, gehackt
Saft von 1 Zitrone
1 Prise Zucker
geröstete Mandelblättchen (zum Bestreuen)
2 EL Kapern (zum Bestreuen)

Zubereitung

- Die Hühnerbrüste (mit Haut) würzen und scharf anbraten. Zugedeckt ca. 10 Minuten behutsam gar ziehen lassen.
- Inzwischen für das Dressing alle Zutaten gut vermischen und würzig abschmecken. Radicchio fein putzen und mundgerecht zurechtzupfen. Für 5 Minuten in 50 °C warmes Wasser legen. (Auf diese Weise verlieren die meisten Zichorien-Salate ihre Bitterstoffe.) Danach mit kaltem Wasser abspülen und den Salat trocken schleudern. Patisson-Kürbisse waschen, reinigen, in Spalten scheiden und in Salzwasser kurz überkochen. Kalt abschrecken und mit der Marinade gut vermischen. 5 Minuten ziehen lassen.
- Rote Zwiebel schälen und in dünne Ringe schneiden. Die marinierten Radicchioblätter mit den Patissons in Glasschüsserln hoch anrichten. Orangen mit einem Messer schälen und die Filets herausschneiden.
- Hühnerfilets der Länge nach aufschneiden und mit den Orangenfilets und Zwiebelringerln auf dem Salat anrichten.
- Mit Mandelblättchen und Kapern bestreuen.

Tipp: Diesen Salat bestreue ich gern mit Parmesan, frisch geschnittener Minze oder ergänze ihn mit Schafkäse, Büffelmozzarella oder aber auch mit Bündnerfleisch (Rinder-Rohschinken). Saisonale Kräuterblüten machen diesen Salat zum echten Highlight.

ZUCCHINI-PARADEISERPIZZETTEN MIT SCHAFKÄSE

4–6 Portionen | Zubereitungszeit: 2,5 Stunden

Zutaten

500 g Mehl
etwas Mehl (für die Arbeitsfläche)
ca. 10 g frische Germ (Hefe)
200 ml Wasser, lauwarm
1 TL Salz
2 EL Olivenöl
Olivenöl (zum Einfetten)

Für den Belag

8 Tomaten (gehäutet, entkernt und geviertelt)
Olivenöl
Salz
Pfeffer aus der Mühle
5 Thymianzweige
1 Rosmarinzweig
3 Knoblauchzehen, in der Schale zerdrückt
80 g weiße Zwiebeln, in feine Streifen geschnitten
2 Knoblauchzehen, gehackt
2 kleine junge Zucchini (ca. 15 cm Länge)
1 TL Thymianblättchen
300 g bröseliger Schafkäse mild, in Würferl geschnitten

Zubereitung

- Mehl in eine Schüssel sieben, die restlichen Zutaten beimengen, gut in einer Rührmaschine verkneten und 30 Minuten gehen lassen. Danach den Teig zusammenkneten und Kugerl formen (ca. 30 g).
- 10 Minuten rasten lassen und danach mit genügend Mehl zu kleinen Fladen formen. Mit Olivenöl bestreichen.

- **Belag:** Ein Blech mit 2 EL Öl bepinseln. Tomaten nebeneinander flach darauflegen, salzen, pfeffern, 3 Thymianzweige, Rosmarinzweig und 2 Knoblauchzehen (in der Schale) hinzufügen. Mit 1 EL Olivenöl beträufeln.
- Im Ofen bei 70 °C 1½–2 Stunden trocknen lassen. Danach abkühlen lassen (evtl. schon am Vortag zubereiten).
- 3 EL Olivenöl erhitzen, Zwiebeln und gehackten Knoblauch zufügen, Zucchini (in 3 mm Würferl geschnitten) beimengen, salzen, pfeffern, kurz anschwitzen und abkühlen lassen.
- Den Ofen auf 250 °C (Ober- und Unterhitze) vorheizen. Teigfladen gut mit Olivenöl beträufeln, mit Tomaten und angeschwitzten Zucchini belegen, zuletzt mit Mozzarella bestreuen und 5–8 Minuten backen.

Kürbis

Suppen, Risottos, Pasta & Beilagen

KÜRBIS-ORANGENSCHAUMSUPPE

6 Portionen | Zubereitungszeit: 20–30 Minuten

Foto rechts

Zutaten

1 Hokkaido-Kürbis, entkernt
2 Schalotten, fein gehackt
2 Knoblauchzehen, fein gehackt
50 ml Olivenöl
125 ml Weißwein
Saft von 2 Orangen
1 Orangenschale, gerieben
ca. 1 l Hühnersuppe (ersatzweise Gemüsebouillon)
2 EL gekochter Reis
Salz
weißer Pfeffer aus der Mühle
je 1 Prise Muskatnuss,
geriebener Ingwer und Zimt
Tabasco

Zubereitung

- Das Kürbisfleisch in kleine Würfel schneiden, Schalotten fein hacken. In einem Topf Olivenöl erhitzen, Schalotten, Knoblauch sowie Kürbis zugeben und alles kurz andünsten. Mit Weißwein und Orangensaft ablöschen und die Flüssigkeit zur Gänze einkochen lassen. Suppe zugießen, mit sämtlichen Aromen würzen und mit dem Reis ca. 20 Minuten köcheln lassen. Mit einem Turmmixer fein pürieren und nochmals abschmecken. In Suppentassen anrichten und einige Tropfen Kürbiskernöl zugießen.

Tipp: Sehr gut harmonieren mit der Suppe geräucherte Forellenfilets oder cremiges, leicht eingetropftes Joghurt. Wenn man frisch geschnittene Korianderblätter in die Suppe streut, ergibt dies eine exotische Note.
Gerne serviere ich zu dieser Suppe kurz gebratene Wassermelonenstücke.

KÜRBISKERN-SCHÖBERL

ca. 10 Portionen | Zubereitungszeit: ca. 20 Minuten

Zutaten

100 g Butter
2 Schalotten, fein gehackt
100 g Saunaschinken, fein gewürfelt
100 g Kürbiskerne, geröstet und gehackt
2 Eier
1 Eigelb
2 Scheiben Toastbrot, entrindet
etwas Milch (zum Einweichen)
40 g Weißbrotbrösel
50 g Mehl (mit 1 KL Backpulver vermischt)
Salz
Muskatnuss
gemahlener weißer Pfeffer
2 EL frisch gehackte Kräuter (Kerbel, Petersilie, Estragon, Schnittlauch und Liebstöckel)

Zubereitung

- Schinken in kleine Würferl schneiden, Schalotten fein hacken und beides in 1 EL Butter anschwitzen. Kalt stellen. Butter in einer Schüssel schaumig rühren. Eier trennen und Eigelb einrühren. Entrindetes Toastbrot in etwas lauwarmer Milch einweichen, ausdrücken und mit Kürbiskernen, Weißbrotbröseln, Salz, Pfeffer, Muskatnuss, Kräutern und Schinken unterrühren.
- Eiweiß nicht ganz fest ausschlagen und abwechselnd mit dem Mehl-Backpulver-Gemisch behutsam einrühren. Backblech mit Backpapier auslegen und die Masse ca. 2 cm dick auftragen.
- Im vorgeheizten Backrohr bei 180 °C (Umluft) 8–10 Minuten backen, erkalten lassen und in Rauten oder Würferl schneiden. Mit heißer Suppe übergießen und möglichst rasch servieren, damit sich die Schöberl nicht vorzeitig mit Suppe vollsaugen.

MUSKAT-KÜRBISSCHAUMSUPPE MIT KÜRBISPESTO-TASCHERLN

4–6 Portionen | Zubereitungszeit: ca. 1 Stunde

Zutaten

300 g Muskatkürbisfleisch
2 Schalotten
3 EL Olivenöl
125 ml Weißwein
ca. 1 l Hühnersuppe (ersatzweise Gemüsebouillon)
125 ml Obers (Sahne)
Salz
weißer Pfeffer
je 1 Prise Muskatnuss, geriebener Ingwer, Tabasco (oder frischer Chili) und Zimt
Prise Currypulver
Kürbiskernöl (zum Garnieren)

Zubereitung

- Das Kürbisfleisch in kleine Würfel schneiden, Schalotten fein hacken.
- In einem Topf Olivenöl erhitzen, Schalotten sowie Kürbis zugeben und alles kurz andünsten. Mit Weißwein ablöschen und die Flüssigkeit zur Gänze einkochen lassen. Suppe und Schlagobers zugießen, mit sämtlichen Aromen würzen und ca. 30 Minuten köcheln lassen.
- Mit einem Stabmixer (am besten Turmmixer) fein pürieren und nochmals abschmecken.
- In Suppentassen anrichten, einige Tropfen Kürbiskernöl zugießen und die vorbereiteten knusprigen Kürbispesto-Tascherl an der Seite anrichten.

Tipp: Diese Suppe lässt sich – ebenso wie die Tascherln – gut einfrieren. Bei Bedarf werden die Tascherln tiefgekühlt frittiert.

Für die Kürbispesto-Tascherln

12 Blatt Wan-Tan-Teig (ca. 9 x 9 mm)
Eiweiß (zum Bestreichen)
60 g Kürbiskernpesto
2 EL Kürbis-Chutney
2 EL Semmelbrösel
1 EL Parmesan, gerieben

- Alle Zutaten gut miteinander vermischen und evtl. nachwürzen.
- Die Teigquadrate mit Eiweiß dünn bestreichen und mithilfe eines Dressiersacks kleine Häufchen auf den Teig setzen. Wie Wan-Tan-Tascherln zusammenschlagen.
- In ca. 170 °C heißem Pflanzenöl knusprig ausbacken.

GRÜNE ZUCCHINISUPPE MIT KNUSPERBLÜTE

4 Portionen | Zubereitungszeit: 40 Minuten

Foto rechts

Zutaten

2 kleine Zucchini (ca. 300 g)
40 ml Olivenöl
2 EL gekochter Reis
(od. 1 roh geriebene Kartoffel)
50 g Zwiebeln
100 ml trockener Weißwein
1 l Hühner- oder Gemüsefond
Obers (Sahne)
Salz
1 kleines Zweigerl Rosmarin
Tabasco
etwas Knoblauch, fein gehackt

Zubereitung

- 200 g Zucchini waschen, in kleine Stücke schneiden. Olivenöl erhitzen, fein gehackten Knoblauch und klein würfelig geschnittene Zwiebeln glasig anziehen lassen.
- 100 g Zucchini schälen, Schale beiseite legen und Fruchtfleisch in Würferl schneiden. Würferl kurz andünsten lassen, Reis unterrühren. Mit Weißwein ablöschen und einkochen lassen. Danach mit Fond und Obers aufgießen, würzen und ca. 8 Minuten verkochen lassen.
- Rosmarinzweigerl entfernen, sehr fein geschnittene Zucchinischalen einmal in der Suppe aufkochen lassen, danach mixen (am besten in einem Turmmixer mit hoher Drehzahl) und nochmals gut abschmecken.
- In hohen Gläsern (oder Suppentassen) mit kurz angeschwitzten Zucchiniwürferln heiß anrichten. Mit knusprigen Zucchiniblüten (siehe Rezept Seite 51) servieren.

Tipp: Für eine grüne Suppe empfiehlt es sich, die Zucchinischalen erst zum Schluss hinzuzufügen und zu mixen. Als Einlage kann man Zucchinistreifen (die gesondert in Salzwasser gekocht wurden) oder auch geröstete Speckwürfel reichen.

KÜRBISPÜREE

4 Portionen (als Beilage) | Zubereitungszeit: 20 Minuten

Zutaten

500 g Kürbis, geschält (vom Muskat- oder Speisekürbis)
300 g Erdäpfel (Kartoffeln)
1 weiße Zwiebel
3 EL Butter
100 ml Apfelsaft
200 ml Gemüsefond (oder Wasser mit gekörnter Gemüsesuppe)
Salz
Muskatnuss, gerieben

Zubereitung

- Kürbis und Erdäpfel grob würfeln. Zwiebel klein hacken und in Butter andünsten. Kürbis und Erdäpfel zugeben, kurz mitdünsten. Apfelsaft und Gemüsefond hinzufügen und 15 Minuten zugedeckt garen lassen. Danach würzen und in einem Mixer zu einer sämigen Masse pürieren (oder einfach mit einem Erdäpfelstampfer zu Püree verarbeiten).

Tipp: Dieses Püree ist eine wunderbare Beilage, schmeckt aber auch pur sehr gut! Hierfür einfach mit Kürbiskernöl beträufeln und mit Parmesan oder Röstzwiebeln bestreuen.

KÜRBIS- ODER SELLERIEPÜREE

4 Portionen | Zubereitungszeit: 40 Minuten

Zutaten

600 g Muskatkürbis oder Knollensellerie
100 g Crème fraîche
Salz
Pfeffer
etwas Tabasco (2 Tropfen)
250 ml Milch

Zubereitung

- Salzwasser 2 Finger hoch in einem schmalen hohen Topf zum Kochen bringen. Kürbis, geschält und gewürfelt, darin zugedeckt gut weich kochen. Kürbis in einem feinen Sieb sehr gut abtropfen lassen oder in einem Zellstofftuch behutsam ausdrücken. Nun den Kürbis mit Crème fraîche vermischen, pürieren und mit Salz und Tabasco würzen.

Tipp: Mit etwas gebräunter Butter schmeckt es noch besser: Butter in einem dreimal so großen Topf bis zum Schäumen erhitzen. Immer wieder umrühren, bis diese rehbraun wird und nussig riecht (ca. 160 °C). Dann sofort durch ein Kaffeefilter-Papier seihen und beliebig weiterverwenden. Braune Butter eignet sich für Sauce hollandaise, Pürees, aber auch für Fleisch (Kurzbratstücke) bzw. zum Braten oder Bepinseln von Fischen oder Krustentieren.

ZUCCHINI-NUDELN MIT PARADEISERN

4 Portionen | Zubereitungszeit: 30 Minuten

Foto rechts

Zutaten

Salz
Olivenöl
500 g Orecchiette
300 g kleine Zucchini, geputzt
2 Knoblauchzehen, gehackt
30 g Taggiasca-Oliven, fein gehackt
250 g Tomaten (abgezogen, entkernt und fein gewürfelt)
80 g Tomaten, passiert
schwarzer Pfeffer aus der Mühle
1 EL Salbei und Basilikum
frischer Parmesankäse (zum Hobeln)

Zubereitung

- 3 Liter Salzwasser zum Kochen bringen. Orecchiette darin bissfest kochen. In ein Sieb schütten, dabei etwas Nudelwasser auffangen.
- 200 g Zucchini in dünne Scheiben schneiden und in einer großen Pfanne in Olivenöl kurz andünsten. Knoblauch zufügen, glasig werden lassen. Abgetropfte Nudeln zugeben und durchschwenken. Die restlichen Zucchini (100 g) fein würfeln, mit Oliven und Tomatenwürfeln zu den Nudeln geben und 2 Minuten mitbraten. Passierte Tomaten und etwas Nudelwasser zufügen. Mit Salz und Pfeffer abschmecken.
- Kräuter einstreuen und weitere 3–4 Minuten köcheln lassen. Die Nudeln in vorgewärmten Tellern anrichten. Mit frischen Kräutern bestreuen, dann Parmesan darüber hobeln.

PENNE MIT ZUCCHINIBLÜTEN

4 Portionen | Zubereitungszeit: ca. 30 Minuten

Zutaten

500 g Penne Rigate
Salz
20 Zucchini- oder Kürbisblüten (incl. Zucchiniansätze)
30 ml Olivenöl

Für die Würzsauce

1 Handvoll Thymian, Dille, Oregano und Basilikum, gehackt
50 ml Olivenöl
30 ml weißer Balsamessig
50 g Kürbiskerne, geröstet
Salz, Pfeffer aus der Mühle
etwas Tabasco

Zubereitung

- Penne in Salzwasser bissfest kochen, kalt abschrecken. Zucchiniansätze von den Blüten trennen und in ganz feine Scheiben schneiden. Zucchiniblüten längs halbieren und mit den Zucchinischeiben ganz kurz in der Pfanne in heißem Olivenöl wenden. Penne mit Pfanneninhalt schwenken.
- Für die Würzsauce alle Zutaten verrühren und mit der Penne-Zucchini-Mischung marinieren. Mit Zucchiniblüten lauwarm anrichten und mit Kürbiskernen bestreuen.

Tipp: Dieses Gericht ist sowohl als Salat an heißen Tagen als auch als heiße Pasta gedacht!

HOKKAIDO-KÜRBIS-GEMÜSEEINTOPF

6–8 Portionen | Zubereitungszeit: 80 Minuten

Zutaten

100 g durchwachsener Speck
1 Fenchelknolle (300 g)
3 Chicoréestauden 500 g Hokkaido-Kürbis, geschält und in Spalten geschnitten
3 Stangen Staudensellerie
1 Stange Lauch
½ kleines Weißkraut
50 g Peccorino (oder Parmesan), frisch gerieben
2 l heißer Hühnerfond
2 Knoblauchzehen
6 EL Olivenöl
Salz
Pfeffer aus der Mühle

Zubereitung

- Gemüse putzen und waschen: Fenchelknolle quer in dünne Scheiben schneiden, Fenchelgrün aufbewahren. Chicorée, Staudensellerie und Lauch in Scheiben, die Blätter vom ½Weißkraut in schmale Streifen schneiden.
- In einem großen Topf reichlich Salzwasser erhitzen. Gemüse darin portionsweise 2 Minuten blanchieren. Mit einem Schaumlöffel herausholen, kalt abschrecken und gut abtropfen lassen. Topf ausspülen und abtrocknen.
- Speck in feine Streifen schneiden. Den großen Topf mit 2 EL Olivenöl ausstreichen und erhitzen. Speckstreifen darin knusprig braten, 2 fein blättrig geschnittene Knoblauchzehen untermischen. Speckstreifen wieder herausnehmen und beiseite legen.
- 2 l Hühnerfond (oder Rindsuppe) in einem anderen Topf erhitzen. Inzwischen das Gemüse lagenweise in den großen Topf schichten. Jede Schicht mit Knoblauchspeck und etwas geriebenem Käse bestreuen, mit Olivenöl beträufeln und kräftig pfeffern. Den Fond über das Gemüse gießen und mit dem restlichen Käse bestreuen. Topf zudecken und ca. 10 Minuten köcheln lassen.

KÜRBIS-CANNELLONI PUR AUS DEM OFEN

4 Portionen | Zubereitungszeit: 1 Stunde

Foto unten

Zutaten

500 g Kürbis (am besten Moschuskürbis der Sorte „Langer von Neapel")
1 Stück saurer Apfel
8–12 Stück Lasagneblätter
250 ml Crème fraîche
150 g Joghurt mit Salz, etwas Curry und frischer Minze vermischt
150 g Bergkäse, sehr reif und gehaltvoll (frisch gerieben)
Salz
Muskatnuss, gerieben
Pfeffer
Apfel-Balsamessig
Butter
3 EL Kürbiskerne, geröstet und gehackt

Zubereitung

- Den geschälten Kürbis in kleine Würferl schneiden und mit ca. 1/8 l Wasser, Salz, Pfeffer und Muskatnuss unter mehrfachem Rühren (halb zugedeckt) trocken dünsten. Sollte der Kürbis noch zu hart sein, einfach etwas Wasser ergänzen. Ganz zum Schluss den geriebenen, geschälten Apfel unterheben und kurz mitgaren. Die Masse mit einem Erdäpfelstampfer gut zerdrücken und mit Kürbiskernen und Apfel-Balsamessig abschmecken.
- Inzwischen die Lasagneblätter al dente in Salzwasser vorkochen, in Eiswasser abschrecken und auf ein befeuchtetes Tuch legen. Die Kürbismasse darauf verteilen und ca. daumendick zu Cannelloni einrollen.
- Die Röllchen in eine gebutterte, tiefe feuerfeste Form legen und mit der Mischung aus Crème fraîche und Joghurt übergießen. Mit Käse bestreuen und im Backrohr bei 230 °C ca. 15 Minuten überbacken.

STEINPILZ-KÜRBIS-SPAGHETTI

4 Portionen | Zubereitungszeit: 20 Minuten

Foto links

Zutaten

400 g Spaghetti
Olivenöl
Salz
Pfeffer aus der Mühle
200 g feste Steinpilze
200 g Speisekürbis, geschält und fein nudelig geschnitten oder gehobelt
100 g Schnittknoblauch (im Asialaden erhältlich) oder
2 Knoblauchzehen, blättrig geschnitten
evtl. etwas Parmesan und Rucola (zum Bestreuen)

Zubereitung

- Die Spaghetti in Salzwasser al dente kochen, inzwischen die Steinpilze säubern und blättrig schneiden.
- Olivenöl in einer Pfanne erhitzen, Pilze, Kürbisstreifen und Schnittknoblauch zugeben, würzen und schwenken. Die heißen (nicht abgeschreckten) Spaghetti zugeben und gut durch schwenken.
- Pikant abschmecken, eventuell mit Parmesan und Rucola bestreuen und in Pastatellern servieren.

Tipp: Dieses Gericht ist nicht nur äußerst schnell zuzubereiten, sondern wirklich sehr fein abgestimmt. Die Nudelvarianten sind frei wählbar, ebenso könnte man anstelle von Kürbis auch Zucchini verwenden.

ÜBERBACKENE GEFÜLLTE ZUCCHINIBLÜTEN

4 Portionen | Zubereitungszeit: ca. 1 Stunde

Zutaten

12–16 Zucchini- oder Kürbisblüten
200 g Zucchini
2 kl. Schalotten
4 getrocknete Tomaten, in Olivenöl eingelegt
2 Scheiben Weißbrot
100 g Schafkäse (Feta)
Butter, flüssig
Salz
Pfeffer aus der Mühle
2 EL Kräuter, frisch geschnitten
100 g Bergkäse, gerieben
2 EL Semmelbrösel

Zubereitung

- Schalotten fein hacken, Zucchini in Würferl (ca. 4 mm) schneiden. Butter schmelzen und Schalotten hell anschwitzen. Zucchiniwürfel zugeben und ebenfalls anschwitzen. Getrocknete Tomaten und Weißbrot würfelig schneiden und untermengen. Mit Salz und Pfeffer abschmecken. Vom Herd nehmen und auskühlen lassen. Schafkäse und Kräuter einrühren und die Masse gut verrühren.
- Die Blüten vom Stiel entfernen, säubern und die Blütenstempel ausschneiden. Masse in einen Dressiersack mit glatter Öffnung füllen und in die Blüte hinein dressieren. Blätter gut zusammendrücken. Auf einem Backblech eine Alufolie mit flüssiger Butter bestreichen und die Blüten darauf platzieren. Mit Bergkäse und Bröseln bestreuen, im vorgeheizten Backrohr bei 220 °C ca. 10 Minuten garen. Aus dem Rohr nehmen und die Blüten evtl. halbieren. Auf vorgewärmten Tellern anrichten.

Tipp: Diese Zucchini-Variante serviere ich gern pur oder mit Blattsalaten, ebenfalls zu Risotto- oder Pastagerichten.

GEFÜLLTE ZUCCHINIBLÜTEN IN TEMPURATEIG

4 Portionen | Zubereitungszeit: 40 Minuten

Zutaten

12–16 schöne Zucchini- oder Kürbisblüten
250 g Zucchini, in feine Würferl geschnitten
1 Schuss Olivenöl
1 Bund Basilikum
2 EL Parmesan, frisch gerieben
2 Knoblauchzehen
2 EL Mie de Pain oder ersatzweise Semmelbrösel
Salz
Pfeffer aus der Mühle

Für den Tempurateig

100 g (Universal-)Mehl
50 g Mais- oder Erdäpfelstärke
2 Handvoll Eiswürfel
100 ml Wasser
Salz
Pflanzenöl (zum Frittieren)

Zubereitung

- Zucchiniblüten von eventuell vorhandenem Fruchtstiel im Inneren trennen. Fein gehackten Knoblauch in Olivenöl anschwitzen, Zucchiniwürferl zugeben und 1 Minute anschwitzen. Die Masse salzen, pfeffern und auf einem Blech flach aufstreichen; kalt stellen.
- Basilikum in feine Streifen schneiden, 2 EL frisch geriebenen Parmesan und Mie de Pain unterrühren, alles gründlich vermengen. Mit Salz und Pfeffer fein abschmecken.
- Die Blüten vorsichtig öffnen und die Masse – am besten mit einem Spritzsack – in die Blüten füllen. Nun die Blütenenden verschließen und zusammendrehen.
- Für den Tempurateig alle Zutaten gut vermischen, er sollte die Konsistenz eines Palatschinkenteiges aufweisen. Die gefüllten Blüten in den eiskalten Teig tauchen (dies klappt am besten mit einer Gabel oder einem Holzspieß) und unverzüglich in 170 °C heißem Fett knusprig frittieren. Trocken tupfen und heiß servieren.

Tipp: Tempurateig muss immer eiskalt angerührt werden, damit er beim Frittieren hauchdünn und „krachknusprig" wird. Den Teig würze ich gern mit Curry oder Kurkuma. Auf diese Weise bekommt er das gewisse Etwas. Die Blüten sollten immer in der Früh geerntet werden, da sie um diese Tageszeit völlig geöffnet sind. Blüten am besten auf einem Blech oder in einer Vorratsdose – mit einem Tuch abgedeckt – kühl lagern.

KÜRBISTASCHERLN MIT PARMESAN

4 Portionen | Zubereitungszeit: 2 ½ Stunden

Zutaten

800 g Muskatkürbis (oder Langer von Neapel), geputzt und in 2 cm große Stücke geschnitten (ca. 1 kg im ungeputzten Zustand)
1 Zimtstange
1 Gewürznelke
200 ml Gemüse- oder Geflügelfond
Salz
Pfeffer aus der Mühle
Muskatnuss, frisch gerieben
300 g große Erdäpfel (Kartoffeln), mehlig
je 4 EL Amaretto- und Biskottenbrösel, im Mörser zerstoßen oder fein gerieben
100 g Parmesan, gerieben
½ getrocknete Chilischote, zerstoßen
1 EL abgeriebene Schale von 1 unbehandelten Orange

Für den Nudelteig

400 g Mehl, universal
150 g Wasser
1 Prise Salz
Mehl (für die Arbeitsfläche)
1 Eiweiß
100 g Butter
1 EL abgeriebene Schale von 1 unbehandelten Orange

Zubereitung

- Für den Nudelteig Wasser, Mehl und Salz zu einem festen Teig verkneten und ca. 2 Stunden in Klarsichtfolie gewickelt kalt stellen. Backofen auf 200 °C vorheizen.
- Kürbis, Zimtstange, Nelke und Fond in eine backfeste Form geben. Mit Salz, Pfeffer und Muskatnuss würzen. Mit Alufolie abdecken.
- Erdäpfel in Alufolie wickeln und auf dem Ofenrost ca. 1–1½ Stunden im Ofen schmoren, bis die Flüssigkeit verdampft ist und die Erdäpfel weich sind. Erdäpfel schälen, Kürbisfleisch aus der Form nehmen, Gewürze entfernen und alles gemeinsam zerstampfen.1 EL Amaretto- und 2 EL Biskottenbrösel, Orangenschale und 50 g Parmesan sowie Chilischote unterrühren. Nochmals abschmecken, in eine flache Form umfüllen und ganz auskühlen lassen.
- Nudelteig mit einer Nudelmaschine in dünne Teigbahnen auswalzen. Teig auf bemehlter Arbeitsfläche auslegen. Auf die Hälfte der Bahnen Eiweiß streichen und im Abstand von 3 cm mit einem Dressiersack kleine Häufchen mit der Füllung setzen. Die zweite Teighälfte darüber klappen. Zwischenräume gut andrücken. Mit einem Messer quadratische Tascherln ausschneiden. Sie sollten an allen Kanten geschlossen sein.
- Salzwasser zum Kochen bringen. Tascherln darin etwa 2–3 Minuten ziehen lassen, bis sie an die Oberfläche steigen. Mit einem Schaumlöffel herausnehmen und gut abtropfen lassen.
- Butter in einer Pfanne erhitzen und leicht bräunen. Tascherln hinzufügen und durchschwenken.
- Tascherln auf vorgewärmten Tellern anrichten, mit Kürbiskernöl oder Kürbispesto (siehe Rezept Seite 28) beträufeln und mit dem restlichen Parmesan bestreuen.

Tipp: Diese Tascherln lassen sich auch gut roh auf Vorrat einfrieren.

GEBACKENE KÜRBISSE UND ZUCCHINI

4 Portionen | Zubereitungszeit: 20 Minuten

Foto unten

Zutaten

2 Patisson (handgroß)
1–2 Kürbisspalten (Gelber Zentner) ca. 500 g
2 kleine Zucchini
Salz
Saft von 1 Zitrone
200 g Mehl
Pflanzenöl zum Ausbacken

Zum Panieren

4 Eier
200 g Semmelbrösel (evtl. mit 100 g geriebenen Kürbiskernen vermischt)

Zubereitung

- Die Spitzen und Enden von den gewaschenen Zucchini wegschneiden. Jungen Kürbis schälen und ebenso wie die Zucchini in dünne gleichmäßige Scheiben schneiden. Salzen, mit Zitronensaft marinieren und eine halbe Stunde ziehen lassen. Mit Küchenkrepp abtrocknen, mit Mehl bestauben und durchmischen.
- Öl auf ca. 180 °C erhitzen. Schön knusprig frittieren und mit Küchenpapier trocken tupfen. Wer es deftiger möchte, kann das Gemüse auch in Mehl, Ei und Bröseln wenden und wie ein Wiener Schnitzerl backen. Evtl. mit Fleur de Sel (Meersalz) nachsalzen. Noch heiß servieren.

Tipp: Ein knackiger Blatt- oder Vogerlsalat mit Kürbiskernöl ist der beste Begleiter.
Wenn es nicht ganz vegetarisch sein soll, umwickle ich das Gemüse vor dem Backen (bzw. Panieren) mit etwas Rohschinken.

ROLLGERSTL-KÜRBIS-RISOTTO

6 Portionen | Zubereitungszeit: 1 Stunde

Zutaten

800 g Kürbis (vorzugsweise Muskatkürbis)
130 g weiße Zwiebeln (am besten aber Schalotten)
1 Knoblauchzehe
70 g Butter
ca. 1 l Gemüsefond
300 g Rollgerste „Graupen"
¼ l trockener Weißwein
100 g Parmesan, frisch gerieben
1 TL Salz
weißer Pfeffer, frisch gemahlen

Außerdem
2 EL Kürbiskernöl
1 Handvoll Rucola oder Bittersalat
30 g Parmesan, frisch gehobelt

Zubereitung

- Den Kürbis von Schale, faserigem Inneren und Kernen befreien. Das Fruchtfleisch in 1,5 cm große Würfel schneiden und bis zur weiteren Verwendung beiseite stellen. Die beim Würfeln anfallenden kleineren Abschnitte (ca. ⅓ der Kürbismenge) ebenfalls beiseite geben.
- Zwiebeln und Knoblauch schälen, Zwiebeln fein hacken.
- In einem Topf 20 g Butter zerlassen und darin 50 g der Zwiebelwürfel glasig anschwitzen. Die Kürbisabschnitte zufügen und kurz mitschwitzen. Den Gemüsefond angießen, den Topf zudecken und alles 10 Minuten schmoren lassen. In einen Mixer umfüllen, pürieren und durch ein feines Sieb passieren.
- In einem entsprechend großen Topf die restliche Butter zerlassen. Die restlichen Zwiebelwürfel darin glasig anschwitzen. Den Knoblauch hacken und mitschwitzen. Die Rollgerste dazugeben, kurz durch schwenken und mit dem Weißwein ablöschen. Die Flüssigkeit etwa auf die Hälfte einkochen lassen.
- Die pürierte Kürbismasse unter das Gerstl rühren und diese bei geringer Hitze unter ständigem Rühren 20 Minuten ausquellen lassen. Bei Bedarf noch etwas Gemüsefond zugießen. Die Kürbiswürfel unterheben und diese weitere 10 Minuten mitköcheln lassen. Den geriebenen Parmesan einrühren, salzen und pfeffern.
- Das Gerstl-Kürbis-Risotto auf vorgewärmten Tellern anrichten, den Rucola darüberstreuen und mit Parmesan und Kürbiskernöl servieren.

KÜRBISRISOTTO IM MUSKATKÜRBIS

4–6 Portionen | Zubereitungszeit: 50 Minuten

Zutaten

300 g Kürbis (am besten Muskat), geschält und in 5 mm Würferl geschnitten
400 g Risottoreis (Arborio oder Vialone)
900 ml Hühner- oder Gemüsefond
150 ml trockener Weißwein
3 kleine Schalotten
50 ml Olivenöl
50 g Butter
40 g Parmesan, gerieben
Salz
Muskatnuss
Tabasco

Zubereitung

- Schalotten fein hacken und mit Kürbiswürferln in Olivenöl anschwitzen. Reis einstreuen, glasig anschwitzen und mit Wein ablöschen. Aufkochen lassen und den Reis so lange kochen lassen, bis die Flüssigkeit verdampft ist, dabei nicht zu viel rühren. Suppe nach und nach zugießen und Reis unter wiederholtem Umrühren insgesamt ca. 15 Minuten kochen, bis er schön al dente ist.
- Dann Butter sowie frisch geriebenen Parmesan einrühren und mit Salz, evtl. etwas Muskatnuss und Tabasco abschmecken. Noch kurz zugedeckt ziehen lassen.
- Das Risotto in Pastatellern anrichten oder in einen ausgehöhlten Kürbis füllen, der zuvor für 20 Minuten im Backofen bei 140 °C vorgewärmt wurde, und servieren.

Tipp: Dieses Risotto-Grundrezept lässt sich durch die Zugabe von Schwammerln, Spargel oder anderen Gemüsesorten, aber auch mit etwas Champagner beliebig abwandeln. Zudem kann es – mit am Schluss ergänztem Schlagobers (Sahne) – geschmacklich noch verfeinert werden.

In der Profi-Küche spielt bei Risotto-Gerichten oft der Zeitfaktor eine wesentliche Rolle, zumal man 30 Minuten Zubereitungszeit einkalkulieren muss. Deshalb streiche ich das Risotto, wenn ich viele Portionen benötige, solange es noch körnig ist, auf ein großes Blech und kühle dieses raschest möglich. Auf diese Weise gart der Risottoreis nicht nach und kann mit Hühnerfond, Parmesan und Butter (oder anderen Geschmackszutaten) vollendet werden. Risotto-Gerichte können so problemlos in kürzester Zeit serviert werden und schmecken sehr gut!

ERDÄPFEL-KÜRBIS-GRATIN

4 Portionen | Zubereitungszeit: ca. 1 Stunde (Backzeit: 30–40 Min) Foto unten

Zutaten

800 g Erdäpfel (Kartoffeln), vorwiegend festkochend
Salz
Pfeffer aus der Mühle
500 g Muskatkürbis, geschält
Muskatnuss, gerieben
200 g Bergkäse, gerieben
500 ml Obers (Sahne)
1 EL Salbei, fein geschnitten

Zubereitung

- Die Erdäpfel schälen und mit einer Aufschnittmaschine in 2 mm dicke Scheiben schneiden, ebenso den Kürbis.
- In eine gusseiserne Pfanne das Obers mit den Gewürzen einfüllen und danach abwechselnd eine Kürbis-, eine Erdäpfel- und eine Käseschicht (gut angedrückt) einschichten. Dieserart fortfahren und zum Schluss – wenn alle Scheiben eingeschichtet sind – mit Käse bestreuen.
- Die Pfanne bei 180 °C (Umluft) für 30–40 Minuten in den Ofen geben. Sobald die Flüssigkeit völlig aufgesogen ist, und die Fläche schön goldbraun ist, sollte das Erdäpfel-Kürbis-Gratin fertig sein.
- Noch heiß – evtl. mit grünem Salat oder als Beilage zu Fleischgerichten – servieren.

ZUCCHINI-ERDÄPFEL-TARTE

4–6 Portionen | Zubereitungszeit: 1,5 Stunden (Backzeit: 40 Min)

Zutaten

500 g Erdäpfel (Kartoffeln), festkochend
Salz
etwas Kümmel
750 g Zucchini
150 g weiße Zwiebeln
2 Knoblauchzehen
60 ml Olivenöl
Pfeffer aus der Mühle
1 EL Zitronenthymian
10 Eier
80 g reifer Bergkäse oder Raclette-Käse, gerieben

Außerdem
2 beschichtete feuerfeste Pfannen (24 cm Durchmesser) mit hohem Rand
2 EL Olivenöl
Balsamessig
grobes Meersalz
einige Thymianzweige

Zubereitung

- Die Erdäpfel waschen, mit Wasser bedecken, salzen und etwas Kümmel einstreuen. Erdäpfel 20–25 Minuten garen und abgießen. Etwas auskühlen lassen, schälen und die Erdäpfel in dickere Scheiben schneiden.
- Die Zucchini von Blüten- und Stielansatz befreien, leicht diagonal in 1 cm dicke Scheiben schneiden. Zwiebeln und Knoblauch schälen, die Zwiebeln halbieren und in Scheiben schneiden, den Knoblauch fein hacken.
- In einer Pfanne die Hälfte des Öls erhitzen und die Hälfte der Zucchinischeiben darin braten, ohne sie Farbe nehmen zu lassen. Salzen, pfeffern, ⅓ der Thymianblättchen untermischen und in eine Schüssel füllen.
- Die zweite Hälfte der Zucchini im restlichen Öl braten, würzen und mit einem weiteren Drittel der Thymianblättchen vermischen. Im verbliebenen Öl die Zwiebeln glasig anschwitzen, den Knoblauch kurz mitschwitzen, leicht salzen, mit dem restlichen Thymian bestreuen und unter die Zucchinischeiben mischen.
- In einer Schüssel die Eier gut miteinander verquirlen, salzen, pfeffern und den Käse unterrühren. Die Kartoffelscheiben unter die Zucchini mischen, die verquirlten Eier zugießen und vorsichtig untermischen.
- In jeder Pfanne 1 EL Olivenöl erhitzen und die Mischung gleichmäßig auf beide Pfannen verteilen. Bei 160 °C im vorgeheizten Ofen ca. 40 Minuten backen, eventuell nach der Hälfte der Zeit mit Alufolie bedecken.
- Die Pfannen aus dem Ofen nehmen, die Tartes herauslösen und erst in 4 cm breite Streifen, dann schräg in Stücke schneiden. Auf Tellern anrichten und servieren.

Tipp: Alter Balsam-Apfelessig über die Tarte geträufelt und mit Meersalz bestreut, rundet dieses Gericht sehr gut ab.

BLÄTTERTEIG-KÜRBISSTRUDEL

6 Portionen | Zubereitungszeit: 2 Stunden (Backzeit: 30–40 Min)

Zutaten

ca. 800 g Kürbis (Gelber Zentner oder Butternuss)
2 weiße Zwiebeln
5 EL Rapsöl
Salz
Kümmel, gemahlen
400 g gemischtes Faschiertes
Pfeffer aus der Mühle
½ rote Paprikaschote, gewürfelt
je 1 EL fein geschnittener Salbei und gehackte Petersilie
3 Knoblauchzehen, fein gehackt
1 Rolle Blitz-Blätterteig
100 g Hamburger Speck
150 g Schafkäse, in Stifte geschnitten
2 Eigelb (mit etwas Milch verrührt)

Zubereitung

- Den Kürbis fein nudelig reiben oder schneiden. Für ca. 10 Minuten einsalzen und überschüssiges Fruchtwasser ausdrücken. Die klein geschnittenen Zwiebeln in etwas Öl glasig werden lassen, Kürbis zugeben. Mit etwas Salz und Kümmel würzen und zum Abkühlen auf ein Blech geben. Das Faschierte mit dem restlichen Öl kurz sautieren und anschließend mit Salz, Pfeffer, Paprika und Knoblauch würzen.
- Den ausgerollten Blätterteig auf ein Backpapier legen, mit Eigelb-Milch bepinseln. Je eine Lage Speck, Kürbis, Fleisch und noch einmal eine Lage Kürbis und Fleisch übereinander geben. Nun mit dem Schafkäse und abschließend mit Speck belegen. Es sollte so viel Blätterteig frei bleiben, dass man die Masse gut einschlagen kann. Die Masse in Form bringen und leicht andrücken. Den Strudel einschlagen, mithilfe des Backpapiers auf ein Backblech heben, mit Eigelb bestreichen und bei 220 °C (Umluft) 10 Minuten, dann noch einmal bei 170 °C weitere 15 Minuten backen. Den Strudel nach dem Backen 10 Minuten rasten lassen und am besten mit einem Zackenmesser aufschneiden.

Tipp: Zum Strudel empfehle ich einen Rahm-Gurken-Salat oder grünen Blattsalat mit Kürbiskernöl.

KÜRBIS-GNOCCHI

6 Portionen | Zubereitungszeit: 2 Stunden

Zutaten

1 Kürbis (Muskat, ca. 1 kg)
150 g Mehl, griffig
50 g Maisstärke
1 Ei
100 g Parmesan, frisch gerieben
Salz
Pfeffer, frisch gemahlen

Für den Spinat

500 g Spinat
2 Frühlingszwieberln
1 Knoblauchzehe
40 g Butter
20 g Pinienkerne
Salz
Pfeffer, frisch gemahlen

Außerdem

25 g Butter
30 g Parmesan, frisch gehobelt (zum Bestreuen)

Zubereitung

- Den Kürbis auf ein Backblech legen, in den auf 200 °C vorgeheizten Ofen (mit Alufolie leicht bedeckt) schieben und etwa 90 Minuten garen. Herausnehmen, etwas abkühlen lassen, durchschneiden und mit einem Löffel die Kerne entfernen. Das Fruchtfleisch, es sollten etwa 500 g sein, mit dem Löffel herauslösen und im Mixer pürieren. Mit Mehl, Maisstärke, Ei, Parmesan, Salz und Pfeffer zu einem glatten Teig verarbeiten.
- Den Spinat putzen, gründlich waschen und gut abtropfen lassen (am besten in einer Salatschleuder schleudern). Die Frühlingszwiebeln putzen, die Knoblauchzehe schälen und beides fein hacken.
- Die Butter in einem Topf zerlassen, Pinienkerne, Frühlingszwiebeln und Knoblauch darin glasig anschwitzen. Den Spinat hinzufügen und in 2–3 Minuten – unter mehrmaligem Wenden – zusammenfallen lassen. Salzen, pfeffern und auf Küchenpapier gut abtropfen lassen.

- Für die Gnocchi etwas Teig abstechen und mit 2 Esslöffeln, die zuvor in kaltes Wasser getaucht wurden, zu Nocken formen. In einem Topf gesalzenes Wasser zum Kochen bringen, die Hitze reduzieren und die Gnocchi in siedendem Wasser 5 Minuten gar ziehen lassen.
  Mit einem Schaumlöffel herausheben und gut abtropfen lassen.
- Die Butter in einer Pfanne schmelzen und leicht bräunen lassen. Den Spinat und die Gnocchi auf Tellern anrichten. Die Gnocchi mit der gebräunten Butter beträufeln, mit frisch gehobeltem Parmesan bestreuen und sofort servieren.

GEFÜLLTE MINI-PATISSONS MIT PARADEISER-SUGO

4 Portionen | Zubereitungszeit: ca. 60 Minuten (Backzeit: ca. 20 Min.)

Zutaten

16 Mini-Patissons (ca. 4–5 cm Durchmesser)
2 Schalotten, geschält und gehackt
4 Knoblauchzehen, geschält und fein gehackt
Salz
40 ml Olivenöl
1 EL Petersilie und Basilikum, fein geschnitten
Tabasco
250 g Frischkäse, Bröseltopfen oder Ricotta
3 EL Mie de Pain (zum Bestreuen der gefüllten Patissons)
2 EL Parmesan

Für die Artischockenböden

4 Artischockenböden
4 EL Taggiasca-Oliven
1 Handvoll Rucola

Für das Paradeiser-Sugo

500 g Pelati (geschälte Tomaten), aus dem Glas oder der Dose
40 ml Olivenöl
1 Prise Zucker
2 Knoblauchzehen, fein blättrig geschnitten
1 Zweigerl Rosmarin
Salz
Pfeffer aus der Mühle

Zubereitung

- Die Patissons waschen, den Deckel waagrecht abschneiden und mit einem Kugelausstecher (Parisienneausstecher) aushöhlen. Das ausgehöhlte Fruchtfleisch fein hacken.
- Eine Pfanne mit Olivenöl erhitzen, Schalotten und Knoblauch darin anschwitzen, Fruchtfleisch zugeben und kurz durchschwenken. Auskühlen lassen. Dann die restlichen Zutaten untermischen und pikant abschmecken. Die Masse sollte nicht zu weich sein. Ist dies der Fall, gibt man etwas mehr Mie de Pain zur Bindung dazu. Die Masse mithilfe eines Dressiersacks in die Patissons füllen und relativ stark mit Mie de Pain bestreuen.
- Eine gusseiserne Pfanne erhitzen, Knoblauch mit Zucker in Olivenöl anschwitzen, gehackte Pelati zugeben, würzen und 2 Minuten einkochen lassen. Die Patissons (mit Deckel) in die Pfanne setzen und für 15–20 Minuten im Backofen bei 190 °C goldbraun backen.
- Die Artischockenböden in Spalten schneiden, in Olivenöl rösten, salzen und die Oliven zugeben.
- Wenn die Patissons gebacken sind, je 4 Stück auf heiße Teller setzen, leicht mit Tomaten-Sugo umkränzen und gemeinsam mit Artischockenspalten und Oliven servieren. Dieses Gericht wird mit Rucola und eventuell mit gehobeltem Parmesan vollendet.

Tipp: Bei gefülltem Gemüse ist es immer schwierig abzuschätzen, wie viel Fülle benötigt wird. Sollte Füllmasse übrig bleiben, einfach noch ein paar Patissons damit füllen.

SOLO-SPARGEL MIT KÜRBISKERNÖLSCHAUM

4 Portionen | Zubereitungszeit: ca. 40 Minuten

Zutaten

20 gleich dicke Stangen Spargel (Solo-Qualität)
1 TL Kristallzucker
ca. 50 g braune Butter
Saft von 2 Orangen
etwas abgeriebene Orangenschale
Salz

Für den Kürbiskernölschaum

1 Eigelb
100 ml Weißwein
50 ml Hühnerfond
1 cl Apfelessig
Saft von 1 Zitrone
1 kl. Zweig Estragon
1 Schalotte, fein gehackt
4 weiße Pfefferkörner
100 ml braune Butter
100 ml Kürbiskernöl
etwas Wasabipaste
Salz
evtl. frische Kräuter

Zubereitung

- Spargel schälen, die holzigen Teile wegschneiden und je 6 Stangen auf zwei übereinandergelegte große Bögen Alufolie geben. Mit Salz und wenig Zucker würzen. Mit geschmolzener Butter und Orangensaft beträufeln. Abgeriebene Orangenschale darüberstreuen und den Spargel in der Folie gut einpacken. Folie jeweils sorgfältig verschließen. Die Pakete nebeneinander auf ein Backblech legen und auf der unteren Schiene des 220 °C heißen Backrohrs 20 Minuten garen.
- Inzwischen für den Kürbiskernölschaum Weißwein, Hühnerfond, Apfelessig, Schalotte sowie die restlichen Gewürze auf ca. die Hälfte einkochen und abseihen.
- Eigelb mit Reduktion über Wasserdampf schaumig aufschlagen und mit Butter und Kürbiskernöl richtig gut weiterschlagen. Mit Zitronensaft, Wasabi und Salz würzen und warm stellen.
- Spargel aus dem Ofen nehmen, aus der Folie geben, auf heiße Teller setzen und mit Kürbiskernölschaum sowie mit frischen Kräutern bestreut servieren.

Tipp: Ofen-Spargel schmeckt besonders fein, weil er nicht, wie üblich, in Wasser, sondern im eigenen Saft garen kann. Petersilienerdäpfel oder gebratene Frühkartoffeln ergänzen dieses Gericht optimal. Die Stärke des Solo-Spargels sollte mindestens 24 mm betragen, die Spitzen sollten makellos weiß sein.

KÜRBIS IM WOK MIT ZUCCHINI UND SPROSSEN

4 Portionen | Zubereitungszeit: 20 Minuten

Foto rechts

Zutaten

200 g Sojasprossen, frisch und roh
2 Knoblauchzehen, fein blättrig geschnitten
1 junge Zucchini, in feine längliche Streifen geschnitten
200 g junger Broccoli
100 g Erbsenschoten
100 g Shiitake-Pilze
200 g Fruchtfleisch vom Speisekürbis, geschält und in Spalten geschnitten
1 weiße Zwiebel, geschält
100 ml Sojasauce
50 ml Sesamöl
Salz
50 g sweet Chilisauce
1 Chilischote, entkernt und fein geschnitten

Zubereitung

- Den jungen Broccoli in rohem Zustand fein blättrig schneiden. Die Zwiebel in dünne Spalten teilen, Shiitake-Pilze sechsteln. Die rohen Erbsenschoten diagonal halbieren und den Kürbis in ca. 5 mm dicke Spalten schneiden. Am besten in einer Wokpfanne Sesamöl erhitzen, Kürbis, Zucchini, Broccoli und Zwiebeln zugeben und rasch anschwitzen. Danach das restliche Gemüse, Sprossen und Pilze zugeben, würzen und knackig rösten. Mit Sojasauce und sweet Chilisauce beträufeln, schwenken und auf heißen Tellern anrichten.

Tipp: Je frischer das Gemüse, umso knackiger das Ergebnis. Sehr gern verwende ich grob gehackte Erdnusskerne, die ich über das fertige Gericht streue. Etwas eingekochte Sojasauce mit Balsamessig ergänzt das Gericht ideal.

KÜRBIS-PARADEISER-SUGO

ca. 2 Liter | Zubereitungszeit: ca. 2 Stunden

Zutaten

2 kg Paradeiser (oder geschälte Tomaten aus der Dose)
500 g weiße Zwiebeln, geschält und gehackt
600 g Speisekürbis, in 3 mm Würferl geschnitten
200 g Sellerieknolle, fein würfelig geschnitten
300 g Zucchini, fein würfelig geschnitten
10 Knoblauchzehen, gehackt
40 g frisches Basilikum, geschnitten
Pfeffer aus der Mühle
2 kl. frische Chilischoten, ohne Kerne und fein gehackt
2 Lorbeerblatt
Prise Kümmel, gemahlen
Meersalz
ca. 300 ml Olivenöl
50 g brauner Zucker

Zubereitung

- Paradeiser kreuzweise einschneiden, Strunk entfernen und nacheinander in Salzwasser kurz blanchieren (überbrühen). In Eiswasser abschrecken, Haut abziehen, halbieren und die Kerne entfernen. Tomaten klein würfelig schneiden und den Saft passieren.
- In einem großen Topf Olivenöl erhitzen und die gehackten Zwiebeln darin langsam hell anschwitzen. Zucker einrühren und sämtliche Kürbis- und Gemüsewürferl (ohne Paradeiser) zugeben, abgeseihten Tomatensaft zugießen und 30 Minuten köcheln lassen. Dabei gelegentlich umrühren. Basilikum, Knoblauch, Pfeffer, Chilischote, Lorbeerblatt und Kümmel hinzufügen. Tomatenwürferl einmengen und weitere 30 Minuten köcheln lassen. Mit Salz würzig abschmecken und noch heiß in ebenfalls heiß ausgespülte Schraubgläser füllen.

SCHWAMMERLKNÖDERL MIT ZUCCHINISPINAT UND MORCHELN

4 Portionen | Zubereitungszeit: 2 Stunden (über Nacht kühlen)

Zutaten

ca. 200 g Knödelbrot (Semmelwürfel)
3 Eier
ca. 180 ml Milch, heiß
100 g Pilze (am besten Steinpilze), fein gehackt
2 Schalotten, fein gehackt
50 g Butter
Salz
Muskatnuss, gerieben
Pfeffer aus der Mühle
2 EL Petersilie, geschnitten
100 g Bergkäse, grob gewürfelt
etwas Mehl (zum Mehlieren)
Pflanzenöl (zum Braten)
1 Handvoll Morcheln, geputzt
kalte Butter
1 Handvoll Blattspinat (ca. 150 g), geputzt
1 kleine Zucchini, länglich blättrig geschnitten
Salz
Pfeffer aus der Mühle
1 Spritzer Weinbrand

Zubereitung

- Gehackte Schalotten in Butter goldbraun rösten, gehackte Pilze zugeben und kurz durchschwenken. In eine geräumige Schüssel umfüllen und mit verschlagenen Eiern, Milch, Käse, Salz, Pfeffer, Muskatnuss und Petersilie gut vermischen. Dann die Semmelwürfel untermischen. Masse 15 Minuten rasten lassen (bei Bedarf noch Semmelwürfel zugeben). Die Masse sollte nicht zu fest sein. Nun die Masse in eine mit Klarsichtfolie ausgelegte Kastenform füllen, gut anpressen und mit Klarsichtfolie verschließen.
- In ein tiefes Backblech ca. 2 cm hoch Wasser einfüllen und die Form einsetzen. Bei 120 °C (Umluft) im Backofen ca. 2 Stunden garen. Über Nacht kalt stellen.
- Danach in ca. 6 cm lange und 2 cm dicke Stifte schneiden und – leicht mehliert – in Pflanzenöl von allen Seiten anbraten und warm stellen.
- Die Zucchini und den Blattspinat mit etwas Butter, Salz und Pfeffer anschwitzen. Die gebratenen Knöderlstifte auf heiße Teller setzen, mit Spinat und Zucchini belegen.
- Die Morcheln in Butter glasieren, mit Weinbrand einkochen, würzen und mit kalter Butter montieren. Morcheln anlegen und mit dem Safterl nappieren.

OMAS „KÜABIS-GMIAS"

4 Portionen | Zubereitungszeit: 40 Minuten

Zutaten

½ kg Kürbis, geschält und entkernt (= ca. 1 kg ungeschälter Kürbis); am besten steirischer Ölkürbis
1 Prise Paprikapulver, edelsüß
Kümmel Salz
1 Lorbeerblatt
1 Knoblauchzehe, fein blättrig geschnitten
Apfelessig
100 g Sauerrahm
20 g Mehl, glatt
1 TL Dillspitzen, gehackt
Essig oder Zitronensaft
Salz
Pfeffer, weiß (aus der Mühle)

Zubereitung

- Den halbierten Kürbis nochmals in drei Längsteile („Spalten") schneiden. Diese fein nudelig raspeln, einsalzen, ½ Stunde ziehen lassen und leicht abpressen.
- Kürbisstreifen in einem breiten Topf mit etwas Wasser gemeinsam mit Paprika, Knoblauchscheiben, Kümmel und Lorbeerblatt zum Kochen bringen. Mit etwas Apfelessig säuern. Sollte das Gemüse zu flüssig sein, etwas Flüssigkeit abgießen und zum Binden 1 EL Mehl mit einem Schuss Wasser verrühren und zugeben. 2 EL des Gemüses mit Sauerrahm warm an- und einrühren. Würzig abschmecken, Paprika, Pfeffer und Dille einmengen. Mit etwas Zitronensaft (oder Essig) pikant abschmecken.
- **Verwendung:** als Beilage zu gekochtem Rindfleisch, Faschiertem oder mit geröstetem Speck und Brotstreifen. Gardauer: ca. 10 Minuten.

SPINAT-KÜRBISKERNKNÖDERL

4 Portionen | Zubereitungszeit: 1 Stunde

Zutaten

750 g Erdäpfel (Kartoffeln), mehlig
300 g Blattspinat
150 g Kürbiskerne, geröstet und fein gerieben
40 g Butter
Muskatnuss
Salz
Pfeffer aus der Mühle
3 Eigelb
250 g Mehl, griffig
40 g Maisstärke
40 g Bergkäse, fein gerieben
50 g braune Butter
Bergkäse (zum Bestreuen)

Zubereitung

- Erdäpfel schälen, waschen und in Salzwasser kernig kochen. Das Wasser abseihen, die Erdäpfel kurz auf dem Herd stehen lassen und anschließend passieren.
- Den Spinat kurz in der Butter dünsten, mit Muskatnuss, Salz und Pfeffer würzen und auskühlen lassen. Das gegarte Gemüse fein hacken, mit den Erdäpfeln, dem Eigelb, Maisstärke, Mehl und Bergkäse zu einem mittelfesten Teig verkneten und nochmals mit Muskatnuss, Salz und Pfeffer würzen.
- Aus dem Teig kleine Kugeln formen und in kochendem Salzwasser ca. 10 Minuten ziehen lassen. Dann die Knöderln herausnehmen, anrichten, mit Reibkäse bestreuen und mit Butter übergießen.

Tipp: Diese Knöderl können auch als Beilage oder mit Omas „Küabis-Gmias" (Rezept Seite 72) serviert werden.

DILL-KÜRBISGEMÜSE

4 Portionen | Zubereitungszeit: 20 Minuten

Zutaten

600 g Kürbis (Muskat- oder Ölkürbis)
100 g Zwiebeln, fein gehackt
2 EL Schweineschmalz
1 KL Paprikapulver
1 KL Zucker
4 cl Apfelessig
1 Lorbeerblatt
200–300 ml Gemüsefond oder Wasser
100 g Sauerrahm
1 KL Mehl
Salz
Pfeffer aus der Mühle
2 EL Dille, frisch geschnitten

Zubereitung

- Geschälten Kürbis fein nudelig schneiden oder raspeln. Gut einsalzen und ziehen lassen. Gehackte Zwiebeln in heißem Schmalz anschwitzen. Paprika einrühren und rasch mit Essig ablöschen. Gut ausgedrücktes Kürbisfleisch zugeben. Fond (oder Wasser) zugießen und mit Salz, Pfeffer, Lorbeerblatt und Zucker würzen. Etwa 5 Minuten köcheln lassen. Sauerrahm mit etwas heißem Fond und Mehl verrühren und das Kürbisgemüse damit binden. Nochmals abschmecken. Lorbeerblatt entfernen, Dille einstreuen und heiß servieren.

Tipp: Dank des neutralen Geschmacks passt dieses Kürbisgemüse zu vielen Gerichten, besonders gut aber zu gekochtem Rindfleisch. Mit Semmelknödeln serviert, ergibt das Kürbisgemüse eine vegetarische Hauptspeise. Wenn kein Dill erwünscht ist, kann man diesen einfach durch etwas Kümmel, Petersilie oder Schnittlauch ersetzen.

Kürbis mit Geflügel, Kalb, Schwein, Rind & Lamm

MAISHENDERLBRUST MIT KÜRBISKERNÖL-RISOTTO

4 Portionen | Zubereitungszeit: ca. 40 Minuten

Zutaten

4 Maishenderlbrüste mit Haut (ca. 120 g, nicht zu groß)
Salz
Pfeffer aus der Mühle
4 Salbeiblätter
2 EL Olivenöl (zum Braten)
100 ml Hühnerfond
1 Zweigerl Rosmarin
1 EL kalte Butter

Für das Risotto

150 g Risottoreis (am besten Vialone Nano)
1 EL Butter
1 Schalotte, geschält und gehackt
100 ml trockener Weißwein
ca. 300–400 ml
Hühnerfond
Salz
Muskatnuss, gerieben
1 EL Parmesan
3 cl Kürbiskernöl
12 Shiitake-Pilzkappen
2 EL Kürbiskerne, geröstet u. gehackt

Zubereitung

- Die Schalotte in Butter anschwitzen, Risottoreis zugeben und sautieren. Mit Weißwein ergänzen, umrühren, mit 200 ml Fond aufgießen und 10 Minuten köcheln lassen. Eventuell noch mit Fond nachgießen. Der Risottoreis sollte bissfest sein, da er bis zum Servieren „nachzieht". Würzen und mit Parmesan und kaltem Kürbiskernöl binden.
- Die Haut von den Brüsten leicht untergreifen (das heißt, mit dem Zeigefinger unter die Haut fahren und diese leicht vom Fleisch lösen), mit je einem Salbeiblatt füllen, glatt streichen und würzen. In Olivenöl zuerst auf der Hautseite gut anbraten, dann wenden und Shiitake-Pilzkappen und Rosmarinzweig zugeben und rösten. Die Brüste bei 120 °C (Umluft) warm stellen.
- Shiitake-Pilze und Maishenderlbrüste aus der Pfanne heben, den Bratenrückstand mit Fond ablöschen und auf die Hälfte einkochen lassen. Mit etwas Butter binden.
- Das Risotto mittig auf Tellern anrichten, die Brüste einmal halbieren, mit den Pilzkappen auflegen, mit Sauce beträufeln, mit gehackten Kürbiskernen bestreuen und servieren.

KÜRBIS-CURRY-HENDERL

4 Portionen | Zubereitungszeit: 50 Minuten

Zutaten

1 Steirerhenderl, ausgenommen (ca. 1400 g)
Salz
Pfeffer
Muskatnuss
100 g Mehl (zum Mehlieren)
300 g Speisekürbis, geschält und gewürfelt
Olivenöl (zum Braten)
1 weiße Zwiebel
1 Apfel (Jonagold oder Boskoop), geschält
300 ml trockener Weißwein
ca. 400 ml Hühnerfond oder Wasser
1 Lorbeerblatt
1 frische Chilischote, entkernt
Saft von 1 Zitrone
1 Zweigerl Zitronenthymian
100 ml Obers (Sahne), flüssig
1 KL Curry
1 EL Kokosette
1 Butterkugel

Zubereitung

- Das küchenfertige Henderl zerteilen, würzen, mehlieren und in Olivenöl goldgelb anbraten (am besten in einer höheren gusseisernen Pfanne oder in einem Topf). Danach die Stücke aus der Pfanne nehmen.

- Für die **Sauce** die fein gehackte Zwiebel in der Bratpfanne hell anrösten. 1 KL Curry untermischen, den fein würfelig geschnittenen Apfel und die Kürbiswürferl zugeben, kurz anschwitzen, mit Weißwein ablöschen und mit ein wenig Suppe aufgießen.
- Henderl einlegen, Gewürze zugeben und in der Sauce ca. 15 Minuten fertig dünsten. Mit Obers binden und würzig abschmecken.

Tipp: Das Henderl serviere ich gern mit Basmatireis, den ich zusätzlich mit Mandeln, Rosinen sowie Petersilie verfeinere.

STEIRERBACKHENDERL MIT KÜRBISKERN-PANIER

4 Portionen | Zubereitungszeit: 1 Stunde

Zutaten

2 Steirerhenderl, inkl. Leber (ca. 1200 g pro Henderl)
200 g Mehl (Universal)
200 g Semmelbrösel und 200 g Kürbiskerne, gerieben und gemischt
5 Eier, verquirlt
Erdnussöl (zum Ausbacken) oder Butterschmalz und Pflanzenöl (1:1 gemischt)
1 Bund Petersilie
Zitronenspalten
Fleur de Sel
Salz

Zubereitung

- Die Henderl in mehrere Stücke zerteilen. Dafür die Flügerl und Haxerl abtrennen, Brust ebenfalls vom Rücken trennen und längs halbieren (Hals und Rücken für Hühnersuppe verwenden). An Flügerln und Bruststücken die Knochen belassen, Haxerl mit einem scharfen, kleinen Messer auslösen. Haut überall abziehen.
- Hühnerstücke rundum gut salzen und zuerst in Mehl, dann in verquirlten Eiern und zuletzt in Semmel-Kürbiskernbröseln panieren.
- In einer tiefen Pfanne ausreichend viel Öl erhitzen und so lange warten, bis es wirklich heiß ist. Hühnerteile einlegen und schwimmend (bei ca. 160 °C) 20–30 Minuten herausbacken. Währenddessen einmal wenden.
- Hühnerleber salzen, ebenfalls panieren und nach ca. 15 Minuten hinzufügen. Hühnerstücke herausheben, auf Küchenkrepp gut abtropfen lassen und nochmals mit Fleur de Sel bestreuen.
- Petersilie rasch frittieren und mit Zitronenspalten garnieren.

Tipps: Das an sich dezente Hühnerfleisch sollte gründlich gesalzen werden, damit sich sein Geschmack optimal entfalten kann.
Ersetzt man die Hälfte des Öls durch Schweine- oder Butterschmalz, so schmeckt das Henderl noch besser.
Wer sich die Mühe des Auslösens ersparen möchte, kann die Haxerl freilich auch ganz lassen.
Erdäpfel- oder grüner Salat (mit Kürbiskernöl-Dressing) sind die beliebtesten Beilagen. Auch Schwarzbrotscheiben passen gut dazu.

KALBSFILET MIT KÜRBIS-MILANESER-RISOTTO

4–6 Portionen | Zubereitungszeit: 1 Stunde

Zutaten

800 g Kalbsfilet (Mittelstück), zugeputzt
Salz
Pfeffer aus der Mühle
Olivenöl (zum Anbraten)
1 Zweig Rosmarin
400 g Markknochen
50 g Parmesan, frisch gerieben
200 g Risottoreis (Vialone oder Arborio)
ca. 600 ml Hühnerfond
5 EL Butter
1 kleine Dose Safranfäden
1 kleine Zwiebel
200 g Kürbispüree (Rezept siehe Seite 44)
Salz
Pfeffer aus der Mühle

Zubereitung

- Die Markknochen kurz in eiskaltes Wasser legen, dann das Mark herausdrücken, mit Küchenkrepp trocknen und klein würfeln.
- Den Inhalt des Safran-Döschens (ca. 20 Fäden) mit 2 EL kochend heißem Wasser übergießen.
- 1 Zwiebel fein würfeln.
- Ca. 600 ml Hühnerfond aufstellen.
- In einer großen Kasserolle 2 EL Butter mit den Markwürfeln aufschäumen lassen. Zwiebelwürfel zugeben und bei nicht zu starker Hitze unter Rühren glasig anschwitzen.
- 200 g Reis einstreuen und ebenfalls unter Rühren so lange glasig anschwitzen, bis er hell und durchscheinend ist (er darf aber nicht bräunen). Mit einem kräftigen Schuss heißem Hühnerfond (etwa 1 Tasse voll) aufgießen, dabei kontinuierlich weiterrühren.
- Sobald die Flüssigkeit fast verdampft ist, wieder Fond aufgießen und leise köchelnd weitergaren lassen – dabei immer wieder rühren. Es soll stets nur so viel Brühe im Topf sein, dass der Reis gerade bedeckt ist.
- Nach etwa 15 Minuten den aufgelösten Safran und das Kürbispüree dazugeben. Noch 7 Minuten weitergaren (dabei rühren und Brühe zugießen).
- Nun probieren: Wenn die Reiskörner gar sind, aber noch Biss haben, die restlichen 3 EL Butter sowie 50 g geriebenen Parmesan unterrühren. Mit Salz und Pfeffer abschmecken.
- Die Kalbsfilets portionieren, würzen und scharf anbraten. Auf einem Gitter, mit Alufolie abgedeckt, rasten lassen. Nach ca. 10 Minuten nochmals mit einem Zweig Rosmarin scharf anbraten und mit 1 EL Butter sanft glasieren.
- Die Filets mit dem Risotto anrichten, evtl. mit Kirschtomaten und frischen Kräutern garnieren.

Tipp: Anstatt Kalbsfilet eignet sich natürlich auch Schweinefilet bestens. Man könnte dieses Gericht auch mit Kalbsjus und ein paar Oliven wunderbar ergänzen.

SCHOPFSTEAK MIT PATISSONS UND HEURIGEN

4 Portionen | Zubereitungszeit: 40 Minuten

Foto unten

Zutaten

800 g Schopffleisch vom Jungschwein
Salz, Pfeffer aus der Mühle
Mehl (zum Mehlieren)
Pflanzenöl
10 Knoblauchzehen, geschält
300 ml Kalbsjus (siehe Rezept Seite 172) – ersatzweise Wasser, mit etwas gekörnter Gemüsesuppe angerührt
Kümmel, ganz
2 EL eiskalte Butter
2 Wacholderbeeren, zerdrückt
1 Lorbeerblatt

Für die Patissons

12 Mini-Patisson-Kürbisse
Butter
Wasser, Salz
einige frische Zweigerl Thymian
300 g gekochte Mini-Erdäpfel (Heurige) mit Schale
1 EL Schnittlauch, frisch geschnitten

Zubereitung

- Schopffleisch zu 8 Stück Steaks portionieren. Salzen, pfeffern, auf einer Seite mehlieren und mit der mehlierten Seite in Öl scharf anbraten; aus der Pfanne nehmen.
- Fein blättrig geschnittenen Knoblauch zugeben, kurz anschwitzen und mit Kalbsjus aufgießen. Kümmel, Lorbeer und Wacholder hinzufügen, eventuell noch etwas Wasser zugeben. Schopfsteaks einlegen und langsam ca. 15 Minuten köcheln lassen.
- Die Patissons waschen und kurz in kochendem Salzwasser überkochen, abschrecken und in einer Pfanne mit Heurigen, Butter sowie Thymian bei 190 °C (Umluft) im Ofen 15 Minuten garen. Immer wieder mit etwas Wasser angießen und glasieren.
- Inzwischen sollten die Schopfsteaks schon weich sein, nun die Sauce pikant abschmecken und mit Butter binden. Auf heißen Tellern mit den leicht angedrückten Heurigen sowie den Patissons anrichten. Mit frischem Thymianzweigerl, Schnittlauch, gegartem Knoblauch und Bratensaft vollenden.

ZWIEBEL-KÜRBISFLEISCH

4–5 Portionen | Zubereitungszeit: ca. 1 Stunde

Zutaten

4 weiße Zwiebeln
50 g Schweineschmalz
3 Knoblauchzehen, fein gehackt
etwas frischer Majoran
1 Lorbeerblatt
900 g Schweineschulter oder Kalbsvögerl
200 ml weißer Portwein
50 ml weißer Balsamessig
1 EL brauner Zucker
1–1,5 l Rindsuppe
200 ml Paradeisersaft (Tomatensaft)
300 g Hokkaido-Kürbis, geschält und gewürfelt
Salz und Pfeffer aus der Mühle
1 Prise Kümmel
evtl. etwas geriebene Kartoffel (zum Binden)

Zubereitung

- Die in feine Streifen geschnittenen Zwiebeln in Schmalz hell anschwitzen. Dann die dickblättrig geschnittene Schweineschulter (oder Kalbsvögerl) beifügen, Portwein, Balsamessig und Paradeisersaft sowie den Zucker zugeben.
- So lange kochen, bis die Flüssigkeit fast verdunstet ist. Dann mit der Suppe auffüllen, Kürbis zugeben, würzen und ca. 30–50 Minuten offen dünsten.
- Gut abschmecken und evtl. mit einer geriebenen rohen Kartoffel binden.
- Dazu passen Teigwaren aller Art oder gute Knöderl sowie Polenta und ein „Klacks" Sauerrahm.

HIRTENSPIESS MIT KÜRBIS-CHUTNEY

4 Portionen | Zubereitungszeit: 20 Minuten

Zutaten

400 g verschiedene Filets (von Rind, Schwein, Henderl oder Truthahn), in ca. 30 g Würfel geschnitten
4 Hühnerlebern
100 g Bauchspeck, gekocht und geräuchert
8 Kirschparadeiser (Kirschtomaten)
bunte Paprikastücke (ca. 3 x 3 cm)
1 rote Zwiebel, in Spalten geschnitten
Salz
Pfeffer aus der Mühle
1 EL Grillgewürzmischung
Olivenöl (zum Anbraten)
4–8 Holz- oder Metallspieße
Fink's Kürbis-Chutney (siehe Rezept Seite 29)

Zubereitung

- Alle Zutaten, mit einem Fleischstück beginnend, in bunter Reihenfolge aufspießen. Zum Schluss wieder ein Fleischstück darauf stecken.
- Spieße auf jeder Seite 3–4 Minuten grillen, nach dem Wenden würzen und mit Öl bepinseln.

Tipp: In puncto Kreativität sind bei Hirtenspießen keine Grenzen gesetzt. Von Würstel bis zu Zucchini, von Garnele bis zu Champignons – alle Varianten sind möglich. Am besten schmeckt es natürlich, wenn mit Holzkohle gegrillt wird.
Wenn man Holzspieße verwendet, ist es empfehlenswert, diese über Nacht in Wasser zu legen. Auf diese Weise verbrennen sie nicht so schnell.

GEFÜLLTER JUNGKÜRBIS MIT PAPRIKA-FLEISCHFÜLLE

4 Portionen | Zubereitungszeit: 2 Stunden

Zutaten

4 runde junge Kürbisse oder runde Zucchini (je etwa 200 g)
60 g Zwiebeln
1 Knoblauchzehe
2 EL Olivenöl
300 g Kalbs- oder Schweinefleisch, faschiert
1 geschmorte rote Paprikaschote
1 Ei
1 EL gehackte Kräuter (Petersilie, Salbei und Thymian)
Salz
1 EL Semmelbrösel
Pfeffer, frisch gemahlen

Für die Sauce

1 weiße Zwiebel, gehackt
40 ml Olivenöl
4 Knoblauchzehen, leicht angedrückt
200 ml Tomatensaft
1 Prise Zucker
1 Zweig Rosmarin und Thymian
Salz
Pfeffer, frisch gemahlen

Außerdem

20 g zerlassene Butter

Zubereitung

- Die Kürbisse waschen, vom Stielansatz befreien und die Früchte im oberen Drittel kappen. Mit einem Kugelausstecher (Parisienneausstecher) aushöhlen. Der Rand bzw. die Wandstärke sollte etwa ½ cm dick sein.
- Die Hälfte des ausgelösten Fruchtfleisches für die Füllung fein hacken, den Rest evtl. für eine Suppe verwenden.
- Die Zwiebeln sowie den Knoblauch schälen und fein hacken. Das Öl in einer Pfanne erhitzen, Zwiebeln und Knoblauch darin hell anschwitzen und das gehackte Fruchtfleisch 1–2 Minuten mitschwitzen. Die Mischung auskühlen lassen.
- Faschiertes mit würfelig (3 mm) geschnittener, geschmorter Paprikaschote sowie mit der Zwiebel-Kürbis-Mischung und den Kräutern vermengen. Salzen und pfeffern. Masse mithilfe eines Kaffeelöffels in die ausgehöhlten Minikürbisse füllen. Dabei gut festdrücken und die Oberfläche etwas glätten. Mit Semmelbröseln bestreuen.

- Für die **Sauce** das Öl in einem gusseisernen Bräter erhitzen und die gehackte Zwiebel sowie die Knoblauchzehen darin farblos anschwitzen. Tomatensaft, Zucker, Kräuterzweigerl und Salz zugeben und kurz aufkochen lassen.
- Die gefüllten Kürbisse in die Sauce setzen, die Kürbisdeckel daraufgeben und gut andrücken.
- Minikürbisse mit zerlassener Butter beträufeln und bei 190 °C im vorgeheizten Ofen 20–25 Minuten garen. Je einen Minikürbis pro Teller anrichten, etwas Sauce dazugießen und mit frischen Kräutern garnieren.

Tipp: Sollte die Tomatensauce zu trocken geraten, einfach immer wieder beim Kochen etwas Wasser nachgießen. Um die Fülle noch delikater zu gestalten, gebe ich gern geröstete Pilze, Oliven oder ein paar Würferl Schafkäse dazu.

SPARERIBS – „RIPPERL" MIT CHILI-KÜRBIS-DIP

4 Portionen | Zubereitungszeit: 50 Minuten (bzw. 24 Stunden zum Einbeizen des Fleisches)

Zutaten

1,5 kg Schweinsripperl (ca. 4 Ripperl), ungeschnitten

Für die Marinade

100 g Ketchup
1 KL Sambal Oelek (Chilipaste)
2 Knoblauchzehen, gepresst
100 ml Coca-Cola
1 Handvoll Röstzwiebeln
1 EL Dijonsenf
2 EL Maisstärke
2 EL Honig
4 EL süße Kürbismarmelade oder Chutney
20 g Salz

Für den Chili-Kürbis-Dip

200 g Kürbis-Chutney (siehe Rezept Seite 29)
2 EL Honig
50 g Ketchup
1 Chilischote, frisch geschnitten und entkernt
Saft von 1 Limette
1 Prise Kreuzkümmel

Zubereitung

- Für die Marinade zuerst Röstzwiebeln in Cola einweichen, danach alle anderen Zutaten mit einem Stabmixer vermischen. (Hinweis: Die fertige Marinade kann, in Schraubgläsern gefüllt, mehrere Wochen im Kühlschrank aufbewahrt werden.)
- Ripperl gut damit einreiben (am besten mit einem Pinsel) und 24 Stunden in der Marinade beizen lassen. Ripperl aus der Marinade heben, auf ein Gitter legen, dieses in eine Bratenpfanne setzen und für ca. 30 Minuten in das vorgeheizte Backrohr (180 °C Umluft) schieben. Während des Bratens immer wieder mit Marinade bestreichen. Wasser in die Bratenpfanne einfließen lassen, damit die abtropfende Flüssigkeit nicht verbrennt. Die Ripperl sollen dunkelbraun glasiert sein.
- Für die Dip-Sauce alle Zutaten miteinander vermischen und gemeinsam mit den Ripperln servieren.

Tipp: Maisstärke hilft beim Glasieren der Ripperl, damit sie schön glänzen und die Glasur haften bleibt.

Tipp zu Seite 87: Das Steak können Sie auch mit kräftigem Trüffel-Kalbsjus glasieren und mit Croûtons und etwas Petersilie garnieren. Ein flaumig-cremiges Erdäpfelpüree passt am besten zu diesem Gericht.

RAHMKÜRBIS UND ALMO-OCHSENFILET MIT SCHWARZER NUSS

4 Portionen | Zubereitungszeit: 1 Stunde

Foto unten

Zutaten

800 g Rindsfilet, in 200 g Stücke geschnitten (vom Mittelstück und mindestens 2 Wochen abgelegen), zugeputzt
4 Knoblauchzehen, in Scheiben geschnitten
Salz und Pfeffer aus der Mühle
12 Scheiben Muskatkürbis, geschält und mit einer Aufschnittmaschine in ca. 1–2 mm dünne Scheiben geschnitten
200–300 ml Obers (Sahne)
1 Zweigerl Rosmarin
Salz, etwas Muskatnuss, gerieben
1 Zweigerl Thymian
2 EL Butter
2 schwarze Nüsse, in 2 mm dicke Scheiben geschnitten
Olivenöl

Zubereitung

- Das Fleisch rechtzeitig aus dem Kühlschrank nehmen und Zimmertemperatur annehmen lassen. Mit Salz und Pfeffer würzen und mit einem Küchengarn in Form binden. In einer beschichteten Pfanne Olivenöl erhitzen und die Filets scharf anbraten. Auf ein Gitter setzen und bei 180 °C (Umluft) im Ofen ca. 6 Minuten auf „medium" garen. Steaks aus dem Ofen nehmen und – mit Alufolie bedeckt – rasten lassen.
- Für den **Kürbis** Obers mit Rosmarin, Salz und Muskat aufkochen. Den Muskatkürbis einlegen und kurz ziehen lassen. Die Steaks nochmals anbraten und mit Butter, Knoblauch und Thymian glasieren. Nussscheiben einlegen und erhitzen. Die Steaks abtropfen lassen, mittig auf Teller setzen und mit Knoblauch und schwarzen Nussscheiben belegen. Den Kürbis mithilfe einer Gabel aufdrehen und neben die Steaks legen. Leicht mit Obers beträufeln.

ENTRECÔTE VOM ALMO-OCHSEN MIT KÜRBISKERNBUTTER

4 Portionen | Zubereitungszeit: ca. 1 Stunde

Zutaten

4 Rückensteaks à mind. 250 g
Salz
Pfeffer aus der Mühle
Olivenöl (zum Braten)
je 1 Zweigerl Rosmarin und Salbei
4 EL Butter 12 Cocktailtomaten

Für die Kürbiskernbutter

200 g Butter
Salz
40 ml Kürbiskernöl
Tabasco
1 EL Dijonsenf
2 EL Kräuter, frisch gehackt
1 Spritzer Worcestershiresauce
1 EL grüne Pfefferkörner, fein gehackt
50 g Kürbiskerne, geröstet und gehackt
8 grüne Mini-Patissons
2 EL Semmelbrösel
alter Balsam-Apfelessig
Fleur de Sel
Kürbiskernöl-Majonnaise (siehe Rezept Seite 161)
Küchengarn (Bindfaden)

Zubereitung

- Das Fleisch würzen, mit Küchengarn rundum in Form binden und scharf in Olivenöl anbraten. Die Entrecotes auf Gitter (mit Tropfblech) legen und bei 200 °C (Umluft) 5 Minuten im Ofen garen. Danach aus dem Ofen nehmen und rasten lassen.
- Inzwischen für die Kürbiskernbutter alle Zutaten temperiert in einer Rührmaschine aufschlagen, pikant abschmecken und in einen Dressiersack füllen.
- Die Patissons im oberen Drittel abkappen und mit einem Parisienneausstecher aushöhlen. In Salzwasser ca. 4 Minuten knackig garen und danach in Eiswasser abschrecken. Die abgetropften Patissons mit Kürbiskernbutter füllen und mit Bröseln bestreuen.
- Die gefüllten Patissons im Ofen bei 220 °C (Oberhitze) 5 Minuten gratinieren.
- Nun die Entrecotes mit Butter und Kräutern in der zuvor verwendeten Pfanne mit den abgezogenen Kirschtomaten braten und gut würzen.
- Auf heißen Tellern mit den Patissons anrichten und mit Kernölmayonnaise, Balsamessig sowie den Kirschtomaten servieren. Zum Schluss mit Fleur de Sel, gebratenen Kräutern sowie dem Bratenrückstand vollenden.

Tipp: Sollte von der Kürbiskernbutter etwas übrig bleiben, so lässt sich diese problemlos – in kleinen Rosetten auf Backpapier dressiert – einfrieren. Generell empfehle ich, ausschließlich gut abgelegenes Fleisch (mind. 2 Wochen) zu verwenden. Die ausgehöhlten Fruchtfleischreste der Patissons können zu Suppen oder zu Cremen verarbeitet werden.

RÜCKEN VOM JUNGLAMM MIT ZUCCHINI UND PAPRIKA-POLENTA

4 Portionen | Zubereitungszeit: 2 Stunden

Zutaten

600 g Lammrücken, zugeputzt (ohne Sehnen)
Salz
Pfeffer aus der Mühle
Olivenöl
10 Knoblauchzehen, angedrückt

Für die Sauce

300 ml Lammjus (Rezept siehe Seite 173)
100 ml Martini Bianco
4 Mini-Zucchini mit Blüten
1 EL Butter
etwas Hühnerfond
Salz

Für die Kräuterkruste

50 g Butter
1 Eigelb
2 EL Kräuter, frisch gehackt
50 g Mie de Pain
2 EL Parmesan, gerieben
1 EL Dijonsenf
Salz

Für die Paprika-Polenta

200 ml Hühnerfond
100 ml Milch
150 g Polenta (am besten weiße Bramata-Polenta)
Salz
etwas Muskatnuss, gerieben
3 EL Bergkäse, gerieben
50 g rotes Paprikapüree
4 EL Olivenöl
etwas Mehl (zum Mehlieren)

Zubereitung

- Für die **Paprika-Polenta** Hühnerfond und Milch aufkochen, Polenta einrieseln lassen und gut verkochen. Die Polenta sollte schön breiig sein. Die restlichen Zutaten beigeben und unter ständigem Rühren würzig abschmecken. In eine kleine Form (ca. 2 cm hoch) füllen, mit Folie abdecken und 1 Stunde kalt stellen.
- Lammrückenfilets würzen, scharf mit den Knoblauchzehen anbraten und auf ein Gitter mit Unterblech setzen. Im Ofen bei 180 °C (Umluft) ca. 6 Minuten braten. Aus dem Ofen nehmen und 10 Minuten – mit Alufolie abgedeckt – rasten lassen.
- Inzwischen die **Kräuterkruste** herstellen. Hierfür Butter schaumig schlagen, Eigelb, Senf und Salz einmengen. Kräuter, Parmesan und Mie de Pain gut untermischen, zu einer Rolle formen, sorgfältig in Klarsichtfolie einwickeln und kühlen.
- Für die **Sauce** den Martini mit den angebratenen Knoblauchzehen fast ganz einkochen, mit Lammfond auffüllen und ca. auf 150 ml einkochen. Abschmecken, warm stellen und evtl. mit Maisstärke binden.
- Die Rückenfilets mit dünnen Scheiben der Kräuterkruste belegen und gut andrücken. Im Backofen (Oberhitze) bei 230 °C goldgelb überbacken, 5 Minuten rasten lassen und dann aufschneiden. Polenta in Würferl (ca. 4 x 4 cm Kantenlänge) schneiden, leicht mehlieren und in Olivenöl zart anbraten.
- Die **Zucchiniblüten** säubern und von den Zucchini trennen. Nun Zucchini in gefällige Stücke schneiden und in Butter mit Salz und etwas Hühnerfond glasieren. Blüten nur kurz glasieren. Polenta, Zucchini und Blüten gemeinsam mit den gratinierten Filets anrichten und mit der Sauce und den weichen Knoblauchzehen vollenden.

Tipp: Von der Polenta mit einem Parisienneausstecher Kugerl (ca. 1 cm) ausstechen und die so entstandenen „Löcher" mit Kürbiskern- oder Basilikum-Pesto füllen.

Kürbis mit Fisch & Krustentieren

SEESAIBLING „KALT GEDÄMPFT" MIT LIMONENKÜRBIS

4 Portionen | Zubereitungszeit: 40 Minuten (1 Stunde zum Entwässern des Joghurts)

Zutaten

400–500 g (4) Seesaiblingsfilets (ersatzweise kleinere Lachsfilets)
Meersalz
Olivenöl
1 Prise Korianderkörner, geröstet und geschrotet
1 KL rosa Pfeffer, grob zerdrückt
1 EL Junglauch, fein geschnitten
1 EL Kürbiskerne, geröstet und gehackt
alter Balsamessig
4 EL pikant eingelegte Kürbiswürfel (siehe Rezept Seite 159)
1 Becher Thai-Kresse
Fleur de Sel

Für den Limonenkürbis

200 g Speise- oder Muskatkürbis, geschält
Saft und geriebene Schale von 1 Zitrone
200 g Joghurt (fett)
Salz
2 EL Walnussöl
1 Prise Currypulver

Zubereitung

- Für den Limonenkürbis das Joghurt in einem Passiertuch 1 Stunde abtropfen lassen.
- Kürbis klein würfeln, mit etwas Wasser und Zitronenzeste weich dünsten. Flüssigkeit vollständig verdampfen lassen. Im Turmmixer mit den restlichen Zutaten fein mixen, das abgetropfte und ausgedrückte Joghurt zugeben und würzig abschmecken.
- Die Fischfilets salzen, mit Koriander und rosa Pfeffer bestreuen und – mit der Hautseite nach unten – auf einen mit Olivenöl beträufelten Teller legen. Gut mit Klarsichtfolie abdecken und bei 90 °C ca. 30 Minuten (je nach Größe des Fisches) im Backofen (Umluft) glasig garen.
- Den **Limonenkürbis** auf warmen Tellern mit den Filets und den pikant eingelegten Kürbiswürfeln anrichten. Mit Fleur de Sel und Junglauch bestreuen und mit Balsamessig und Thai-Kresse vollenden.

Tipp: Aus dem Fisch sollte kein Eiweiß austreten, sonst ist der Fisch übergart.

GESCHMORTER OKTOPUS MIT KÜRBIS

4 Portionen | Zubereitungszeit: 2 Stunden

Zutaten

1 Oktopus (ca. 1500 g)
1 Lorbeerblatt
Olivenöl
2 weiße Zwiebeln, geschält
200 ml roter Portwein
300 ml Rotwein
Pfeffer aus der Mühle
10 Koriander, geröstet und geschrotet
400 ml Hühnerfond
1 Kohlrabi, geschält
6 Champignons
300 g Speisekürbis (zum Beispiel Hokkaido), geschält
50 g Bauchspeck, geräuchert
3 EL kalte Butter
1 EL Koriandergrün, frisch geschnitten

Zubereitung

- Oktopus säubern, waschen, in leicht gesalzenem Wasser einmal aufkochen und ca. 40 Minuten bei 80 °C ziehen lassen.
- Inzwischen in einem flachen Topf die fein gehackten Zwiebeln in Olivenöl anschwitzen, Rotwein und Portwein aufgießen und um die Hälfte einkochen. Danach Hühnerfond, Lorbeerblatt und Pfeffer zugeben und weitere 5 Minuten kochen.
- Den Oktopus aus dem Kochwasser nehmen, die Tentakel abtrennen, säubern und in die Reduktion geben.
- Bauchspeck fein würfeln, Champignons in Spalten teilen. Kürbis und Kohlrabi in 1 cm große Würferl schneiden, mit den Champignons kurz in Olivenöl anschwitzen und zum Oktopus hinzufügen. Bei 170 °C ca. 20 Minuten im Ofen (bei Umluft) schmoren lassen. Sobald Oktopus und Gemüse weich sind, herausnehmen, den Oktopus zerteilen und in ca. 4 cm lange Stücke schneiden.
- Die entstandene Schmorsauce mit kalter Butter binden, gut würzen und Oktopus wieder einlegen. Am besten in tiefen Tellern, mit Koriandergrün bestreut, servieren. Dazu passt sehr gut ein Baguette.

Tipp: Bei diesem Gericht lässt sich das Gemüse nach Geschmack variieren. Ebenso könnte man Fischfilets oder Muscheln ergänzen.

MELONENSALAT MIT RIESEN-GARNELEN

4 Portionen | Zubereitungszeit: 30 Minuten

Zutaten für den Melonensalat

1 rote Zwiebel, geschält
1 TL Butter
150 ml roter Portwein
Salz
1 kleine Wassermelone
1 Honigmelone
2 EL Rotweinessig
4 EL Olivenöl
2 EL Geflügelfond
weißer Pfeffer aus der Mühle

Für die Garnelen

12 ungeschälte Riesengarnelen, vom Kopf getrennt
Olivenöl (zum Braten)
Salz
weißer Pfeffer aus der Mühle
Zitronensaft
Fleur de Sel
frische Minze und Basilikum

Zubereitung

- Für den Melonensalat die geschälte Zwiebel längs in Streifen schneiden und in der Butter glasig braten. Mit Portwein ablöschen, leicht salzen und die Flüssigkeit reduzieren.
- Die Melonen halbieren und die Kerne sowie das faserige Kernfleisch entfernen. Eine Hälfte in 4–8 Spalten schneiden und das Fruchtfleisch in große Würfel schneiden und leicht versetzt wieder in die Spalten („Schiffchen") setzen. Das Fruchtfleisch teilweise in dünne Scheiben schneiden, teilweise zu Kugeln ausstechen.
- Rotweinessig mit Olivenöl und Geflügelfond verrühren, mit Salz und Pfeffer kräftig abschmecken und mit den Melonenkugeln locker unter die Zwiebeln mischen.
- Die Garnelen mitsamt der Schale längs halbieren. Die Darmfäden entfernen, in Olivenöl scharf anbraten und mit Salz, Pfeffer und Zitronensaft würzen.
- Garnelen, Melonensalat und Melonenscheiben in den zu Schiffchen geschnittenen Melonenschalen anrichten. Mit Olivenöl beträufeln, Fleur de Sel anstreuen und nach Wunsch mit Kräutern garnieren.

STEINGARNELEN MIT GEBRATENEM KÜRBIS UND VENERE-RISOTTO

4 Portionen | Zubereitungszeit: ca. 80 Minuten

Zutaten

12 Garnelen 8/12 („Black Tiger")
Salz
Olivenöl (zum Braten)
1 Zweigerl Rosmarin

Für den Kürbis

4 kleine Spalten Muskatkürbis (mit Schale)
4 Knoblauchzehen (mit Schale), leicht angedrückt
Salz
etwas Kümmel
Olivenöl
Pfeffer aus der Mühle
Saft von 1 Zitrone
1 Prise Zucker

Für das Risotto

240 g Riso Venere (aus dem Piemont) „schwarzer Reis"
2 Schalotten
4 EL Butter
100 ml Rotwein
100 ml roter Portwein
1 l Hühnerfond
1 Prise Piment
1 EL Parmesan, gerieben
Salz
1 EL kalte Butter

Zubereitung

- Die sehr fein geschnittenen Schalotten in Butter andünsten, den Reis dazugeben und alles verrühren. Mit Rot- und Portwein ablöschen und ganz einreduzieren lassen. Nach und nach heißen Hühnerfond angießen und immer wieder einreduzieren lassen. Mit Salz und Pfeffer würzen. Sobald das Risotto fertig ist (es bleibt recht bissfest), mit kalter Butter montieren.
- Kürbis und Knoblauch auf Alufolie legen, würzen und gut verschlossen bei 200 °C ca. 40 Minuten garen.
- Die Garnelen schälen, eventuell Darm entfernen, und scharf in Olivenöl anbraten. Würzen, Rosmarin zugeben und glasig fertig braten.
- Risotto in tiefe Teller geben, Kürbisstücke und geschmorten Knoblauch (beides sollte schön weich sein) auf das Risotto setzen und die Garnelen anlegen. Mit etwas Olivenöl (aus der Garnelenpfanne) beträufeln und mit gehobeltem Parmesan vollenden.

Tipp: Riso Venere ist mit herkömmlichem Risottoreis nicht zu vergleichen. Diese Reissorte wird nur von der Schale befreit, aber nicht, wie andere Reissorten, geschliffen. Die Reiskörner haben einen knackigen Biss und schmecken leicht nussig. Er hat eine bedeutend längere Kochzeit als herkömmlicher Risottoreis, sodass dieses Risotto ca. 50 Minuten köcheln sollte.

FLUSSKREBSERL MIT KLARER KÜRBISSUPPE

6 Portionen | Zubereitungszeit: ca. 2 Stunden

Zutaten

Für die Suppe

1 Muskatkürbis, geschält (ca. 1 kg)
Salz
100 g Stangensellerie
1 Stange Lauch
1 Ingwer, frisch
600 g Hühnerfleisch (am besten von der Keule) oder Rindfleisch
5 Pfefferkörner
4 Wacholderbeeren
2 Lorbeerblatt
5 Pimentkörner
5 Knoblauchzehen
2–3 l Wasser
6 cl Weinbrand
etwas gekörnte Gemüsesuppe
10 Eiweiß

Für die Krebserl

18 lebende Flusskrebserl
Olivenöl
1 EL Schnittlauch, fein geschnitten
6 Shiitake-Pilze
etwas Erdnussöl

Zubereitung

- Die Krebserl lebend in Salzwasser ca. 1 Minute überkochen, herausnehmen und kurz in Eiswasser abschrecken. Die Schwänze aus dem Panzer drehen und schälen. Eventuell auch die Scheren auslösen, Krebsfleisch kalt stellen.
- Die Karkassen der Krebse waschen und das Innere der Krebsnasen entfernen (nicht verwenden). Die Karkassen in etwas Olivenöl hell anrösten, mit Weinbrand ablöschen und abkühlen lassen. Alle Zutaten fein schneiden oder faschieren. Mit den gerösteten Karkassen vermischen, Eiweiß unterheben und mit eiskaltem Wasser auffüllen.

Hinweis: Eine Suppe auf diese Weise zuzubereiten, nennt man im Koch-Jargon „Suppe klären".

- Nun die Masse langsam zum Kochen bringen. Dabei immer wieder mit einer Bratenschaufel vorsichtig am Topfboden schaben, da andernfalls das Eiweiß leicht anbrennen könnte. Die Suppe ca. 1 Stunde leise köcheln lassen, danach durch ein Passiertuch abseihen. Die Suppe sollte glasklar sein. Zuletzt sollte ca. 1,5 l Flüssigkeit übrig sein, diese würzig abschmecken.
- Für die Einlage Shiitake-Pilze fein blättrig schneiden, in Erdnussöl scharf anrösten und mit dem Krebsfleisch in Suppentellern verteilen. Schnittlauch darüberstreuen und mit etwas Olivenöl beträufeln.

Tipp: Zu dieser Suppe serviere ich gern kleine Butter-Grießnockerln.

Tipp zu Seite 101: Kürbispesto, aber auch kurz in Butter sautierte Kürbisblüten harmonieren mit diesem Gericht perfekt.

GEBRATENES ZANDERFILET MIT ERDÄPFEL-KERNÖLPÜREE

4 Portionen | Zubereitungszeit: ca. 40 Minuten

Foto unten

Zutaten

600–800 g Zander, filetiert und geschuppt
Salz
etwas Koriander, geröstet und gemahlen
Olivenöl (zum Braten)
1 Spritzer Zitronensaft
je 1 Zweigerl Thymian und Salbei
2 EL Butter

Für das Erdäpfel-Kernölpüree

800 g Erdäpfel (Kartoffeln), mehlig
Kümmel, ganz
1 Minzezweig
60–100 ml Kürbiskernöl
250 ml Milch
2–3 EL Kren, frisch gerieben
Meersalz (aus der Mühle)

Zubereitung

- In einem Topf Salzwasser mit Minze und Kümmel aufstellen. Geschälte Erdäpfel zugeben und weich kochen. Im heißen Backrohr etwas ausdampfen lassen und durch eine Erdäpfelpresse drücken. Warme Milch und Kürbiskernöl einmengen und salzen. Nach Belieben etwas frisch gerissenen Kren einrühren. Bis zur Weiterverwendung in einem Wasserbad warm stellen.
- Die Zanderfilets portionieren, würzen und auf der Hautseite in einer gusseisernen Pfanne in reichlich Olivenöl knusprig braten. Sobald das Filet glasig schimmert, wenden und mit Butter und Kräutern – unter wiederholtem Übergießen – fertig braten. Zanderfilets gut abtropfen lassen.
- Erdäpfelpüree mittig auf heiße Teller setzen, Zanderfilets auflegen, mit Kürbiskernöl beträufeln und mit frisch geriebenem Kren bestreuen.

AMUR-KARPFEN MIT KERNÖL-KÜRBISCREME

Rezept für 4 Portionen | Zubereitungszeit: 40 Minuten

Zutaten

600 g Amur-Karpfenfilets
Salz
Pfeffer aus der Mühle
Olivenöl
etwas Zitronensaft
Koriander (aus der Mühle)
etwas Kümmel, gemahlen
3 EL Butter
2 Knoblauchzehen, fein geschnitten
2 Zweigerl Zitronenthymian

Für die Kernöl-Kürbiscreme

600 g Fruchtfleisch vom steirischen Kernölkürbis
Salz
Pfeffer aus der Mühle
4 Knoblauchzehen, geschält
100 ml Weißwein
1 weiße Zwiebel, gehackt
4 EL Apfelessig
1 EL Zucker
50 ml Kürbiskernöl
1 Prise Kümmel
Tabasco

Zubereitung

- Für die Creme Kürbisfleisch fein würfeln, würzen und mit Wein und Gewürzen (halb zugedeckt) unter Zugabe von ein wenig Wasser ca. 10–15 Minuten weich dünsten. Der Kürbis sollte völlig trocken sein.
- Dann mit Kürbiskernöl sehr fein pürieren und würzig abschmecken. Evtl. mit Crème fraîche verfeinern.
- Die Fischfilets schröpfen (in sehr feinen Abständen das Fleisch einschneiden). Dadurch lösen sich die Gräten beim Garen auf. (Bei Karpfen oder Hecht kann man diese nämlich nicht zupfen.) Filets würzen, in ca. 3 cm breite Filets schneiden und auf der Hautseite in Olivenöl braten. Wenn die Filets glasig werden, wenden und mit Butter, Knoblauch und Kräutern fertig braten.
- Die Filets auf Küchenpapier abtropfen lassen, mit Zitronensaft beträufeln und mit der Kürbiscreme auf heißen Tellern anrichten.
- Evtl. mit feinen Zucchinistreifen, geriebenem Kren und beträufelt mit Olivenöl servieren.

KNUSPRIGES ZANDERFILET MIT GURKENKÜRBIS

4 Portionen | Zubereitungszeit: ca. 40 Minuten

Zutaten

600 g Zanderfilet (mit Haut)
Olivenöl (zum Braten)
1 Thymianzweig
Mehl (zum Mehlieren der Fischfilets)
Olivenöl
Salz
Pfeffer aus der Mühle
1 Knoblauchzehe, fein gehackt
1 Salatgurke, geschält und entkernt
200 g Speisekürbis, geschält
Salz
1 Spritzer Zitronensaft
100 ml trockener Weißwein
250 ml Gemüsefond
1 EL Dill, frisch geschnitten
etwas Tabasco
1 Prise Zucker
2 EL Crème fraîche

Zubereitung

- Kürbis entkernen und mit der Gurke in 0,5 cm Würferl schneiden. In einem Topf in Olivenöl gemeinsam mit Knoblauch anschwitzen. Gemüse mit Weißwein ablöschen, Gemüsefond und Gewürze zugeben und ca. 5 Minuten köcheln lassen, bis das Gemüse zwar noch knackig, aber schon reduziert ist. Mit Crème fraîche verfeinern. Gemüse anschließend warm stellen.
- Die Zanderfilets in Tranchen schneiden, mit Salz und Pfeffer würzen und auf der Hautseite mehlieren. Mit der Hautseite nach unten in einer beschichteten Pfanne in reichlich Olivenöl braten, würzen und die Filets mehrmals mit Bratrückstand übergießen. Zum Schluss Thymianzweige zugeben und die Filets wenden.
- Das Kürbisgurkengemüse mit Dill und Zitronensaft abschmecken und auf Tellern anrichten. Die Zanderfilets auf das Gemüse setzen und mit Dillzweigerln bestreuen.

LIMONEN-SARDINEN MIT SÜSS-SAUREM KÜRBIS

4 Portionen | Zubereitungszeit: 30 Minuten (1 Nacht zum Marinieren)

Zutaten

700 g frische Sardinen (ca. 12)
2 kernlose Orangen
100–120 g Radicchio
150 g süßsauer eingelegter Kürbis (siehe Rezept Seite 158)

Für die Marinade

Saft von 3–4 Limetten
1 abgeriebene Limettenschale
80 ml Olivenöl
1 EL Meersalz
Pfeffer aus der Mühle
1 EL Rosmarin, gehackt

Zubereitung

- Sardinen von Kopf und Gräten trennen, waschen, auf Küchenkrepp abtropfen lassen und in eine breite Schale legen. Limettensaft, geriebene Limettenschale, Olivenöl, Meersalz, Pfeffer und Rosmarin mischen. Über die Sardinen gießen und über Nacht im Kühlschrank marinieren.
- Orangen bis zum Fruchtfleisch schälen und zwischen den Häuten Filets herausschneiden.
- Radicchio 10 Minuten lauwarm wässern, danach kalt abspülen, abtropfen lassen und in feine Streifen schneiden.
- Radicchio und Orangen portionsweise anrichten. Mit marinierten Sardinen belegen, süßsauren Kürbis anlegen und alles mit Marinade beträufeln.

MIESMUSCHELN IM ZWIEBEL-KÜRBISSUD

4–6 Portionen | Zubereitungszeit: 1 Stunde

Foto unten

Zutaten

2 kg Miesmuscheln
400 g Hokkaido-Kürbis, geschält und in 5 mm Würferln geschnitten
10 Safran-Fäden
2 frische Lorbeerblätter
2 Knoblauchzehen
3 kleine weiße Zwiebeln
100 ml Olivenöl
200 ml trockener Weißwein (Riesling)
100 ml Noilly Prat
30 g Mie de Pain
300 ml Tomatensaft
Meersalz und Pfeffer aus der Mühle
Tabasco
1 Handvoll Dill und Fenchel-Grün, fein geschnitten
evtl. etwas Hühner- oder Gemüsefond

Zubereitung

- Muscheln gründlich putzen und unter fließendem Wasser abbürsten. Bereits geöffnete Muscheln wegwerfen.
- In einem großen Topf 3 EL Olivenöl erhitzen, in Ringe geschnittene Zwiebeln sowie in Scheiben geschnittene Knoblauchzehen anschwitzen. Safran und Lorbeerblätter sowie den Kürbis zugeben und ebenfalls anschwitzen. Mit Weißwein, Tomatensaft und Noilly Prat aufgießen und vollständig einkochen lassen. Die Muscheln zugeben und zugedeckt ca. 2 Minuten köcheln lassen.
- Mit etwas Tabasco, Salz, Pfeffer, frischem Fenchel und Dill abschmecken. Sollte der Sud zu dick sein, mit etwas Fond verdünnen. Sollte er zu dünn sein, etwas Mie de Pain ergänzen.
- Die Muscheln mit dem Sud in tiefen Tellern anrichten und am besten mit einer leeren Miesmuschel, die als Zange oder Greifer dient, dekorieren.

GESCHMORTE CALAMARI MIT JUNGEN ZUCCHINI

6 Portionen | Zubereitungszeit: 50 Minuten

Zutaten

1 kg kleine Tintenfische (Calamari)
1 Handvoll getrocknete Steinpilze
600 g vollreife Tomaten (am besten Sorte San Marzano „Flaschen-Tomate") – ersatzweise geschälte Tomaten aus der Dose
1 Bund glatte Petersilie
1 Bund Basilikum
300 g junge Zucchini, in 5 mm Würferl geschnitten
300 ml trockener Weißwein (Riesling)
300 ml Hühnerfond
2 weiße Zwiebeln
3 Knoblauchzehen
80 g Olivenöl
Salz
Pfeffer aus der Mühle
Tabasco
Zitronensaft
frische Kräuter

Zubereitung

- Getrocknete Steinpilze in Wasser einweichen. Tintenfische gründlich putzen und waschen, Haut abziehen. Tentakel jeweils mit Kopf vom Mantel abschneiden. Augen, Kauwerkzeuge und Innereien entfernen, unter eiskaltem Wasser waschen, gut abtropfen lassen und die Tuben der Länge nach in 6 mm breite Streifen schneiden. Tomaten kurz überkochen, enthäuten und entkernen. Die weißen Zwiebeln sowie die 3 Knoblauchzehen fein hacken.
- In einer breiten Pfanne Olivenöl erhitzen. Zwiebeln und Knoblauch darin andünsten. Pilze abtropfen lassen, klein schneiden und kurz anbraten. Tomaten und Sud dazugeben, salzen und pfeffern. 10 Minuten köcheln, dabei ab und zu umrühren.
- Tintenfische und Zucchiniwürferl zugeben, zugedeckt etwa 10 Minuten schmoren. Nach und nach den Hühnerfond angießen, immer wieder durchrühren.
- Petersilie fein hacken, Basilikum in Streifen schneiden. Tintenfische mit etwas Tabasco und Zitronensaft abschmecken, frische Kräuter einstreuen.

Tipp: Auf dieser Basis lassen sich auch Fischfilets oder Garnelen hervorragend zubereiten.

STEINGARNELEN MIT ZUCCHINI-TOMATEN GRATINIERT

4 Portionen | Zubereitungszeit: 40 Minuten

Zutaten

600 g Riesengarnelenschwänze, ohne Schale (am besten 8/12, Kaltwasser)
350 g Zucchini
2 rote Paprikaschoten
100 g Zwiebeln
150 g Tomaten, geschält und entkernt
5 cl trockener Weißwein
6 cl Tomatensaft
Olivenöl
1 EL Petersilie, gehackt
2 dl Sauce hollandaise (siehe Rezept Seite 171)
1 Ei
Mehl (zum Wenden)
Salz
weißer Pfeffer aus der Mühle
Rosmarin
Knoblauch

Zubereitung

- Garnelenschwänze entdarmen, mittels Faltschnitt aufklappen, mit zerdrücktem Knoblauch einreiben, würzen, in Mehl wenden und mit Ei zart bestreichen. Zucchinienden abschneiden, Paprika entkernen, Strunk entfernen.
- Zucchini, Zwiebeln, Tomaten sowie Paprika gesondert in ca. 5 mm große Würfel schneiden.
- 40 ml Olivenöl erhitzen, Zwiebeln anschwitzen, Paprika beigeben, mit Weißwein ablöschen und Tomatensaft zugießen. 3 Minuten dünsten. Zucchini untermengen, würzen (Salz, Pfeffer, Rosmarin, Knoblauch), 5 Minuten dünsten, Tomatenwürfel und Petersilie hinzufügen, kurz mitdünsten.
- Zucchiniragout auf vier kleine Gratinierschüsseln aufteilen, Garnelenschwänze in restlichem Öl beidseitig braten, auf das Ragout platzieren und jeweils einzeln mit Sauce hollandaise überziehen. Im Backrohr bei starker Oberhitze (Grill) kurz bräunen.

Tipp: Ich verwende ausschließlich Kaltwasser-Garnelen mit Schale. Diese schmecken um Längen besser als die, wenn auch billigeren, Zuchtgarnelen aus nicht sehr guten Wasserverhältnissen. 8/12 markiert die Bezeichnung der Größe, wobei U5 die größten Exemplare sind.

WEISSER HEILBUTT IN DER ZUCCHINIBLÜTE MIT OLIVEN

4 Portionen | Zubereitungszeit: 30 Minuten

Zutaten

4 Filets vom weißen Heilbutt (ca. 140 g schwer)
Meersalz
4 große Zucchiniblüten
Olivenöl
2 Zweigerl Zitronenthymian
gemahlener Kubeben-Pfeffer (oder schwarzer Pfeffer)
100 g Taggiasca-Oliven
100 g eingelegter Chilikürbis (siehe Rezept Seite 161)
2 EL Kräuteröl

Für die Olivenemulsion

200 ml Kalbsjus (siehe Rezept Seite 172)
40 ml alter Birnen-Balsamessig
1 Zweigerl Rosmarin
1 Zitronenzeste

Zubereitung

- Die Heilbuttfilets würzen. Die Blüten vorsichtig auseinanderfalten und über die Filets legen. Gut mit Olivenöl bepinseln und auf Teller setzen. Thymian darüberstreuen und mit Klarsichtfolie sorgfältig verschließen.
- Im Ofen bei 95 °C (Umluft) ca. 15–20 Minuten glasig garen.
- Inzwischen die Sauce wie folgt herstellen: Balsamessig einkochen, Fond, Zesten und Rosmarin zugeben und auf die Hälfte einkochen. Mit dem Öl der Oliven emulgieren, dann fein passieren.
- Oliven im Kalbsjus, den eingelegten Kürbis im eigenen Einlegeessig wärmen.
- Die Folie vom Fisch entfernen, danach die Fischhaut vorsichtig abziehen. Filets auf heißen Tellern anrichten und mit Kalbsjus und Oliven umkränzen. Kräuteröl und Kürbis ringsum verteilen. Den Fisch evtl. noch mit Fleur de Sel bestreuen.

Tipp: Weißer Heilbutt kann natürlich durch Zander-, Lachs- oder Forellenfilets ersetzt werden.

WOLFSBARSCH MIT ZITRONAT UND GELBEM PAPRIKA-KÜRBIS

4 Portionen | Zubereitungszeit: 30 Minuten

Zutaten

1 Wolfsbarsch (ca. 1,5 kg), in 4–8 Tranchen geteilt, geschuppt
Salz
weißer Pfeffer aus der Mühle
2 Knoblauchzehen, angedrückt
2 Zweige Zitronenthymian
Olivenöl (zum Braten)
2 EL Zitronat oder frische Zitronenschale, in Salzwasser blanchiert

Für das gelbe Paprika-Kürbispüree

1 gelbe Paprikaschote, entkernt und fein gewürfelt
300 g Speisekürbis, geschält und gewürfelt
1 KL Zucker
50 ml trockener Weißwein
2 Knoblauchzehen
50 ml Olivenöl
etwas Tabasco
Salz
Oliven (vorzugsweise Taggiasca), kernlos

Zubereitung

- Für die Kürbiscreme alle Zutaten, leicht zugedeckt, ca. 12 Minuten weich dämpfen. Danach im Mixer sehr fein pürieren und würzig mit Olivenöl montieren; warm stellen.
- Die Wolfsbarschtranchen salzen, pfeffern und in Olivenöl auf der Hautseite braten. Wenn die Oberseite des Fisches schön glasig ist, die Filets umdrehen und mit Zitronat, Thymian und Knoblauch fertig braten.
- Das Paprika-Kürbispüree auf Tellern anrichten und die Fischfilets anlegen. Mit Zitronat, Knoblauch, Oliven und Thymian garnieren.

Tipp: Über die Wolfsbarschfilets gebe ich nach dem Braten gern noch ein paar Spritzer Zitronensaft. Anstelle von Wolfsbarsch kann dieses Gericht aber auch mit Zander oder Lachsfilets zubereitet werden.

Kürbis

Süße Mehlspeisen & Gebäck

MELONEN-KÜRBIS-SHAKE

6 Portionen | Zubereitungszeit: 20 Minuten

Zutaten

500 g (ca. 1) Netzmelone, vollreif
200 g Kürbisfruchtfleisch (vom Speisekürbis)
300 ml Buttermilch (oder Joghurt)
300 ml Orangensaft
100 g Feinkristallzucker
200 ml Prosecco
8 cl weißer Portwein
Saft von 3 Limetten
2 Handvoll Eiswürfel
1 Spritzer Tabasco
Olivenöl
Kubeben oder grüner Pfeffer, gemahlen

Zubereitung

- Den Kürbis mit etwas Wasser, leicht zugedeckt, weich dämpfen. Abkühlen lassen, dann mit den restlichen Zutaten sehr fein mixen (am besten in einem Turmmixer).
- Eiskalt in hohen vorgekühlten Gläsern, mit etwas Olivenöl beträufelt und Pfeffer bestreut, servieren.

Tipp: Als besonders dekorative Serviervariante fülle ich den Shake in ausgehöhlte Melonen und serviere diese auf Chrushed Ice. Bunte Strohhalme, frische Beeren sowie Minzeblätter gehören ebenso dazu.

MELONEN-LIMETTEN-KALTSCHALE

4 Portionen | Zubereitungszeit: 20 Minuten (2 Stunden Kühlzeit) Foto rechts

Zutaten

400 g Fruchtfleisch vollreifer Melonen, ohne Kerne
¼ l Mineral- oder Tafelwasser
1 kleine oder große Flasche Sekt oder Prosecco
2 cl Portwein
Saft von 2 Limetten
1 abgeriebene Limettenschale

Zubereitung

- Etwa ein Drittel der Melonen in 6 mm große Würfel schneiden. Die restlichen Melonen mit Limettensaft und Zesten sowie mit Mineralwasser mixen.
- Melonenpüree, Melonenwürfel und Portwein vermengen, einige Stunden gut kühlen.
- Mit Sekt auffüllen, durchmischen und in geeisten Schalen (Tiefkühler) servieren. Eventuell mit gehackten Minzeblättern bestreuen.

Tipp: Die Melonen müssen unbedingt vollreif sein, um ein optimales Geschmackserlebnis zu erzielen. Ein kleiner Tropfen Rosenblüten- oder Orangenblütenwasser hebt den Geschmack in sehr spezielle Gefilde. Eine Kugel Zitronen- oder Basilikumeis machen aus dieser Kaltschale ein tolles Sommerdessert für heiße Tage.

KÜRBIS-JOGHURT MIT QUITTEN UND MALAGAEIS

6 Portionen | Zubereitungszeit: 2 Stunden

Zutaten

1 Glas Quitten-Kürbiskompott (siehe Rezept Seite 166)
1 Becher Joghurt (3,6 %)
Malagaeis oder Vanilleeis

Für das Malagaeis (ca. 20 Nockerln)

1 l Milch
500 ml Obers (Sahne)
1 Prise Salz
1 EL Glucose (Zuckersirup – in Apotheke erhältlich)
10 Eigelb
4 Eier
2 Tahiti-Vanilleschoten
4 cl Rum
1 Prise Salz
100 g eingelegte Rosinen (am besten 2 Tage zuvor in Marsala und Rum marinieren)

Zubereitung

- Vanilleschoten auskratzen, Milch mit Glucose, Vanillemark, Salz und Obers aufkochen. Verschlagene Eier und Eigelb zügig einrühren. Masse so lange erhitzen, bis sie leicht bindet. Salz und Rum zugeben, passieren und in einer Eismaschine gefrieren. Andernfalls in eine flache Nirostaschüssel füllen, in den Tiefkühler stellen und zwischendurch mehrmals mit dem Schneebesen umrühren, bis man eine cremige Eismasse erhält.
- In die fertige Eismasse die eingelegten, gehackten Rosinen einarbeiten.
- Evtl. Baiser oder Kürbischips (siehe Rezept Seite 120) als Dekor dazureichen.
- Das Quitten-Kürbiskompott in hohen schönen Gläsern anrichten. Mit einem, in heißes Wasser getauchten, Suppenlöffel schöne Nockerln abstechen und auf das Kompott setzen. Mit gerührtem Joghurt überziehen und garnieren.

MELONEN-COCKTAIL

4 Portionen | Zubereitungszeit: 20 Minuten

Zutaten

400 g kernlose Melone (am besten Netz- oder Charentais-Melone), geschält
2 dl weißer Portwein (oder Martini Bianco)
etwas Zitronen- oder Limettensaft
Kristallzucker (evtl. für Läuterzucker)
Minzeblätter

Zubereitung

- Melone in ca. 1 cm große Würfel schneiden, mit Portwein und Zitronensaft auffüllen. Gut im Kühlschrank kühlen, in Cocktailgläser füllen und mit Minzeblättern garnieren.
- Man kann die Melonen anstelle von Portwein auch mit Läuterzucker bzw. mit anderen Alkoholika (Cognac, Cointreau, Kirsch etc.) marinieren.

Tipp: Besonders schön und bunt wirkt dieser Cocktail mit Zucker-, Honig- und Wassermelonen. Diese ebenfalls würfelig schneiden, mit frischer Melisse marinieren und in hohe Gläser füllen.

KÜRBISKERNÖL-MOUSSE

6 Portionen | Zubereitungszeit: 30 Minuten

Zutaten

125 g Schokolade, weiß
50 g Kürbiskernöl
300 g Obers (Sahne)
1 Eigelb
1 Ei
1 EL Grand Marnier (Orangenlikör)
2 Blätter Gelatine
3 cl Bacardi (weißer Rum)
1 Prise Salz

Zubereitung

- Schokolade im Wasserbad schmelzen. Ei, Eigelb und Kürbiskernöl unter die Schokolade rühren (lippenwarm). In kaltem Wasser eingeweichte Gelatine ausdrücken, auf mind. 50 °C erhitzen und einrühren. Grand Marnier und weißen Rum ebenfalls einmengen. Geschlagenes Obers unter die kalte Schokomasse ziehen. In passendes Geschirr (Schüssel oder Wanne) füllen und im Kühlschrank einige Stunden kühl stellen.
- Löffel oder Eisportionierer in heißes Wasser tauchen und damit Halbkugeln oder Nocken ausstechen. Auf gekühlten Tellern anrichten, beliebig garnieren.

Tipp: Diese Mousse verwende ich gern zur Herstellung einer Tiramisu-Variante. Hierfür schichte ich die Mousse mit in Mokka getränkten Biskotten und stelle das „Tiramisu" für 4 Stunden kalt. Eventuell mit frischen Beeren servieren.

MUSKATKÜRBIS-BANANEN-CREME

4–6 Portionen | Zubereitungszeit: ca. 30 Minuten (Kühlzeit: 2 Stunden)

Zutaten

4 Eigelb
Vanilleschote, ausgekratzt
200 g Muskatkürbis, geraspelt
40 g Zucker
60 g Honig
4 cl Wasser
Saft und geriebene Schale von 1 Limette
1 Prise Salz
Tabasco
200 g Topfen (Quark) 20 %
2 Bananen, püriert
Vitamin C
3 cl Bacardi
4 Blätter Gelatine
300 g Obers (Sahne

Zubereitung

- Eigelb mit Salz und Vanillezucker in einer Rührmaschine schaumig schlagen.
- Geraspelten Muskatkürbis mit Zucker, Honig, geriebener Limettenschale und Wasser ca. 5 Minuten kochen. Diese Masse im mind. 120 °C heißem Zustand in die Eigelbmasse einfließen lassen und kalt weiterschlagen.
- Topfen mit Banane, Vanillemark, Tabasco, Bacardi und Limettensaft vermischen. Kalt eingeweichte, ausgedrückte und erhitzte Gelatine in den Eigelbschaum heben und flott unter die Topfen-Bananenmasse mischen. Halbsteif geschlagenes Obers unterziehen.
- Die Creme in Cocktailgläser oder schmale hohe Gläser füllen und kalt stellen. Danach mit Kürbischips (siehe Rezept Seite 120) garnieren und eventuell mit Schokoladespänen dekorieren.

KÜRBIS-MANGO-MOUSSETORTE MIT „ZOTTOLADE"

eine Torte (28 cm Durchmesser) | Zubereitungszeit: ca. 2 Stunden (Kühlzeit: ca. 4 Stunden)

Zutaten

Für den Schokoladeboden

140 g Butter
40 g Kakaopulver
160 g Feinkristallzucker
60 g Mehl, glatt
2 Eier
120 g Haselnüsse, fein gerieben und geröstet
70 g Zartbitterkuvertüre, gehackt

Für die Kürbis-Mango-Mousse

200 g Kürbispüree vom Muskatkürbis, ungesüßt
150 g Mangofruchtpüree
Saft von 1 Limette (oder Zitrone)
½ Vanilleschote, ausgekratzt
4 cl Bacardi oder Orangenlikör
3 Eigelb
70 g Kristallzucker
400 g Obers (Sahne)
6 Blätter Gelatine

Für die Schokolademousse

2 Eier
2 Eigelb
45 g Feinkristallzucker
200 g Zartbitterkuvertüre
30 g Milchkuvertüre
300 ml Obers (Sahne)
3 Blätter Gelatine
2 cl Kahlua-Kaffeelikör

Für das Mangogelee

30 g Marillenmarmelade (Aprikosenmarmelade)
80 g Mangofruchtpüree (am besten Tiefkühlware)
40 g Feinkristallzucker
3 Blätter Gelatine

Zubereitung

- Butter mit Zucker schaumig schlagen. Eier nach und nach zugeben, dann die geschmolzene Kuvertüre einarbeiten. Danach Mehl, gesiebtes Kakaopulver und Nüsse mischen und vorsichtig untermengen. Tortenbackring (28 cm Durchmesser) auf Backpapier stellen, mit Backpapier einschlagen, die Masse einfüllen, glatt streichen und im vorgeheizten Backrohr bei 180 °C ca. 10 Minuten hell backen, danach auskühlen lassen.

- Für die **Fruchtmousse** Kürbispüree und Fruchtmark mit Zucker und Vanilleschotenmark aufkochen lassen. Bacardi und Limettensaft zugeben. Gelatine einweichen, ausdrücken, in der Fruchtmasse auflösen und abkühlen lassen. Obers halbfest aufschlagen und, sobald die Fruchtmasse auf ca. 30 °C abgekühlt ist, unterziehen.
- Für das **Gelee** Fruchtmark und Marillenmarmelade mit dem Zucker erhitzen. Gelatine einweichen, ausdrücken und darin auflösen. Durch ein Sieb streichen und auskühlen lassen.
- Für die **Schokolademousse** Eier, Eigelb, Kristallzucker und Vanillezucker über Dampf erst warm, dann kalt schlagen, bis die Masse eine cremige Konsistenz aufweist. Kuvertüren im Wasserbad oder in der Mikrowelle schmelzen. Gelatine einweichen, ausdrücken, im erwärmten Kaffeelikör auflösen und unter die Eiermasse rühren. Die geschmolzene Kuvertüre dazurühren und das halbfest geschlagene Obers unterziehen.

- Den Schokoladenboden aus dem Tortenreifen schneiden, Reifen reinigen und innen mit etwas steiferer Plastikfolie auslegen; Tortenboden wieder einsetzen. Einen Tortenreifen mit 15 cm Durchmesser auf den Tortenboden setzen und mit Schokomousse füllen. Für 1 Stunde anfrieren, danach den inneren Reifen wieder abziehen und mit Kürbis-Mangomousse auffüllen, glatt streichen und rütteln. Einige Stunden kühl stellen. Die Oberseite mit Mangogelee glasieren und nochmals kühlen, bis das Gelee angezogen ist. Aus der Tortenform lösen und mit Schokoblättchen und evtl. Minze garnieren.

Tipp: Ich verarbeite nur Kuvertüre aus der Manufaktur Zotter in Riegersburg, da ich absolut von der Qualität überzeugt bin. Die Produkte verfügen über das Bio-Fairtrade-Gütesiegel. Ebenfalls positiv: Die Firma Zotter befindet sich quasi bei mir um die Ecke!

Diese Schokoladenbodenmasse eignet sich als Unterlage für Torten, Schnitten oder Mousse-Variationen. Sie lässt sich gebacken – wie alle anderen Biskuitmassen auch – gut auf Vorrat tiefkühlen. Generell friere ich Mousse-Torten immer leicht an, damit sie stabiler sind. Um sie leichter aus dem Metallring lösen zu können, empfiehlt es sich, diesen an der Außenseite mit einem Bunsenbrenner (Lötlampe) kurz zu erhitzen und sofort abzuziehen. So erzielt man einen exakt gleichmäßigen Rand. Sollte Mousse-Masse übrig bleiben, lässt sich diese auch sehr gut aus Gläsern löffeln.

KÜRBISCHIPS

ca. 30 Kürbischips | Zubereitungsdauer: 3 Stunden

Zutaten

1 Spalte vom Muskat- oder Hokkaido-Kürbis
200 ml Wasser
200 g brauner Zucker
Saft von 1 Zitrone

Zubereitung

- Wasser mit Zucker und Zitronensaft aufkochen, etwas abkühlen lassen.
- Die Kürbisspalte schälen und mit einer Aufschnittmaschine dünnblättrig schneiden. Nun die Kürbisblätter durch den Läuterzucker ziehen, abtropfen lassen und in Abständen auf Silikonmatten legen.
- Bei 90 °C und leicht geöffneter Ofentür ca. 2 Stunden trocknen lassen.

Tipp: Diese Chips können sowohl zu salzigen als auch zu süßen Gerichten als Dekoration gereicht werden. Man kann sie aber auch einfach zwischendurch knabbern. Bitte trocken und gut verschlossen lagern.

HIMBEER-TÖRTCHEN MIT ZUCCHINI

4 Portionen | Zubereitungsdauer: 2 Stunden (Kühlzeit: ca. 2 Stunden)

Zutaten

250 g frische Himbeeren
80 g Staubzucker
300 g tiefgekühlte Himbeeren, aufgetaut
2 Blätter weiße Gelatine, eingeweicht
4 Puffreisscheiben (in weiße Kuvertüre getunkt) von 9 cm Durchmesser

Für die Topfenmasse

250 g Topfen 20 % (Quark)
100 g Crème fraîche
Saft von 1 Zitrone
Schale von 1 Orange, fein gerieben
3 ½ Blätter weiße Gelatine, eingeweicht
2 cl Orangenlikör
1 Prise Salz
175 g Obers (Sahne), steif geschlagen
2 Eiweiß
2 EL Zucker

Für die Zucchini

2 Mini-Zucchini, der Länge nach hauchdünn aufgeschnitten
100 ml Wasser
1 EL Zucker
4 cl Hollerblütensaft
Saft von 1 Zitrone
½ Vanilleschote, aufgeschlitzt
1 EL Basilikum, fein geschnitten

Zubereitung

- Wasser und Zucker mit Vanilleschote sowie Zitronensaft aufkochen, abkühlen lassen, Zucchinischeiben, Basikikum und Hollersaft zugeben und für ca. 10 Minuten marinieren.
- Für das Himbeergelee die aufgetauten Himbeeren mit Staubzucker im Mixer grob pürieren und in ein feines Sieb geben. Den Saft abtropfen lassen und auffangen.
- 2 EL Himbeersaft erhitzen, 3 Blätter Gelatine ausdrücken, darin auflösen und die Mischung in den übrigen Saft einrühren.
- Für die Topfenfülle Crème fraîche und Zitronensaft glatt miteinander verrühren, die Orangenschale zufügen. Die Gelatine ausdrücken und in erwärmtem Orangenlikör auflösen. Unter den Topfen rühren und das halbsteif geschlagene Obers locker unterheben.
- Eiweiß mit Zucker steif schlagen und unter die Topfenmasse ziehen.
- Die Puffreisscheiben in ca. 3 cm hohe Metallringe setzen und mit der Hälfte der Topfencreme bedecken. Das Himbeergelee darauf verteilen und die übrige Topfencreme einfüllen. Die Oberfläche glatt verstreichen und die Törtchen 1½Stunden gut durchkühlen lassen.
- Die Törtchen mit den frischen Himbeeren belegen, dann die Ringe abziehen und mittig auf Teller setzen. Zucchini rundum anlegen und mit frischer Minze garnieren.

ZWEIERLEI SCHOKOLADEMOUSSE MIT KANDIERTEM KÜRBIS

8 Portionen | Zubereitungszeit: ca. 3 Stunden (je nach Serviervariante mehrere Stunden Kühlzeit)

Zutaten

Für die Dunkle Schokolademousse

200 ml Milch
2 Blätter Gelatine
250 g Zartbitterkuvertüre
300 ml Obers (Sahne)
1 Prise Salz
2 Tassen Espresso

Für die Weiße Schokolademousse

150 g weiße Kuvertüre
2 Blätter Gelatine
1 EL Feinkristallzucker
250 ml Obers (Sahne)
6 Eigelb
Mark von ½ Vanilleschote
Saft von ½ Zitrone
6 cl Bacardi
Salz

Für die Ganache-Glasur

100 ml Obers (Sahne)
100 ml Milch
200 g Milchkuvertüre
1 Blatt Gelatine
2 EL Marillenmarmelade, passiert

Für den Kandierten Kürbis

1000 g Muskat- oder Speisekürbis
1 l Wasser
500 g Zucker
geriebene Schale und Saft von 3 Zitronen
1 KL Vitamin C
300 g Zucker

Zum Garnieren

Schokoblätter und Kürbischips (siehe vorheriges Rezept)

Zubereitung

- Für die **dunkle Schokolademousse** Gelatine in eiskaltem Wasser einweichen. Milch aufkochen lassen, Espresso, Salz und ausgedrückte Gelatine zugeben. Kuvertüre in Stücke brechen, hinzufügen und mit einem Stabmixer einmixen. Obers nicht zu steif schlagen, Kuvertüre-Masse auf 30 °C erwärmen, Obers unterziehen.

- Für die **helle Schokolademousse** Kuvertüre im Wasserbad oder in der Mikrowelle schmelzen. Gelatine in eiskaltem Wasser einweichen. Obers halbsteif schlagen und kalt stellen. Eigelb mit Kristallzucker über Dampf schaumig schlagen. Die gut ausgedrückte Gelatine mit Alkohol, Vanille, Zitronensaft und Salz unter die noch warme Eigelbmasse rühren und darin auflösen. Nun die geschmolzene Kuvertüre mit einem Schneebesen unterrühren und die Masse etwas abkühlen lassen. Obers locker und gleichmäßig unter die Schokolademasse ziehen.

- Für den **kandierten Kürbis** Wasser, Vitamin C und Zucker aufkochen. Kürbis, geschält und in 1 cm Würferl geschnitten, beigeben und 1 Nacht kalt stellen. Am nächsten Tag den Kürbis abseihen, den Sud aufkochen, restlichen Zucker mitkochen und auskühlen lassen. Kürbiswürferl zugeben und noch 3 Tage gekühlt reifen lassen. In Schraubgläser gefüllt, hält sich der kandierte Kürbis über Wochen.

- **Servier-Vorschlag:** Entweder Sie füllen die beiden Mousse-Varianten in Gläser und stellen diese für 3 Stunden kalt oder in Silikon-Kuppelformen, frieren diese für 4 Stunden und glasieren sie dann mit Ganache-Glasur. Hierfür Milch und Obers aufkochen, restliche Zutaten beigeben und mit einem Stabmixer (ohne Luft einzumixen) emulgieren. Temperiert auf ca. 30 °C über die – auf ein Kuchengitter gestürzten, noch gefrorenen – Kuppeln ziehen und stocken lassen. Kalt gestellt sollte der Kern der Kuppel mindestens 2 Stunden antauen können.

KÜRBISAUFLAUF IM GLAS ZUM LÖFFELN

6–8 Gläser | Zubereitungszeit: ca. 1 Stunde

Foto links

Zutaten

500 g Speise- oder Butternusskürbis, geschält
40 g brauner Zucker
60 g Butter
1 Prise Zimt
geriebene Schale von 1 Orange
½ Vanilleschote, ausgekratzt
4 Eier
2 cl Amaretto
2 cl Bacardi
2 EL Mandelblättchen, leicht geröstet
40 g Kristallzucker
40 g Butter
40 g Biskottenbrösel

Zubereitung

- Den Kürbis in Würferl schneiden und mit wenig Wasser (zugedeckt) weich dünsten. Sobald das Wasser ganz verdunstet ist, das Fruchtfleisch mit einem Stabmixer fein pürieren. Die Butter mit dem Zucker leicht karamellisieren, das Kürbispüree 5 Minuten mitköcheln lassen. Vanilleschote, Zimt und Orangenschale zugeben und abkühlen lassen. Danach die Eier mit dem Mixer einrühren und mit Bacardi, Amaretto und Salz abschmecken. Die Gläser mit flüssiger Butter ausstreichen und mit Mandeln ausstreuen.
- Nun die Masse mit einem Löffel in die feuerfesten Gläser füllen. Biskottenbrösel und Zucker mischen und über der Masse verteilen. Butter in kleine Würferl schneiden und ebenfalls darüber verteilen. Im Backrohr bei 190 °C (Umluft) ca. 15 Minuten goldbraun backen.

Tipp: Zu diesem Auflauf passt Kürbis-Passionsfruchteis oder Malagaeis (siehe Rezept Seite 116) hervorragend. Der Auflauf lässt sich im rohen Zustand (gut gekühlt) mindestens 4 Stunden vor dem Servieren vorbereiten.

KÜRBISKERNAUFLAUF

6 Portionen | Zubereitungszeit: 30 Minuten

Zutaten

70 g Kürbiskerne, fein gerieben
60 g Semmelbrösel
70 g Butter
70 g Kristallzucker
4 Eigelb
4 Eiweiß
Schale von ¼ Zitrone, gerieben
1 TL Vanillezucker
1 Prise Salz
Butter (zum Ausstreichen)
Kristallzucker (zum Ausstreuen)

Zubereitung

- Dariolformen (Puddingformen) mit Butter ausstreichen und mit Kristallzucker ausstreuen. Handwarme Butter mit Eigelb und Zitronenschale schaumig rühren. Eiweiß, Kristall- und Vanillezucker sowie Salz zu festem Schnee schlagen und unter den Abtrieb mengen. Geriebene Kürbiskerne und Brösel vermischen, in die Masse einrühren, in die Formen füllen (ca. ¾ hoch) und zugedeckt am Herd im Wasserbad leicht wallend pochieren oder im Backofen bei 170 °C Umluft backen.
- Stürzen, mit Weinschaum überziehen oder „naturell" auftragen.
- Wasserbadtemperatur: ca. 90 °C

MINI-KÜRBISKERNGUGELHUPF

ca. 6–8 Mini-Gugelhupf | Zubereitungszeit: ca. 1 Stunde (ca. 2 Stunden zum Auskühlen)

Zutaten

80 g Butter
2 cl Kürbiskernöl
70 g Staubzucker
2 cl Mokka-Likör
2 cl Orangen-Likör
3 Eigelb
60 g Haselnüsse, geröstet und gerieben
60 g Kürbiskerne, geröstet und gerieben
40 g Semmelbrösel
50 g Mehl (Universal)
1 KL Backpulver
½ geriebene Orangenschale
1 KL Vanillezucker
3 Eiweiß
30 g Kristallzucker
1 Prise Salz
Marillenmarmelade
150 g Kürbiskerne, geröstet und gerieben (zum Bestreuen)
Silikon-Backformen oder Metallförmchen (mit 7 cm Durchmesser und 6 cm Höhe)

Zubereitung

- Butter mit Kernöl, Staubzucker und Likören schaumig schlagen. Nach und nach Eigelb zugeben. Haselnüsse und Kürbiskerne mit Semmelbröseln, Mehl und Backpulver vermischen. Das Eiweiß mit Orangenschale, Salz, Vanille- und Kristallzucker steif ausschlagen. ⅓ des Eischnees mit der Brösel-Nussmischung und dem Butterabtrieb vermischen. Danach den restlichen Eischnee unterheben.
- Die Förmchen am besten mit Backfettspray aussprayen und mit Mehl oder geriebenen Kürbiskernen ausstreuen. Die Masse gleichmäßig verteilen und bei 170 °C (Umluft) ca. 20 Minuten goldbraun backen. Am besten 1 Stunde auskühlen lassen, danach stürzen und mit heißer Marillenmarmelade glasieren. Die Marmelade 1 Stunde anziehen lassen und danach mit geriebenen Kürbiskernen bestreuen und nach Geschmack garnieren.

Tipp: Sehr gut lassen sich die Minis in gefrorenem Zustand (am Boden mit einer Gabel angestochen) in die Marmelade tauchen. So werden sie schön gleichmäßig glasiert.
Sollte von der Masse zu viel übrig bleiben (Eier sind unterschiedlich schwer), so kann diese auch in beliebigen Förmchen gebacken werden. Generell rechnet man:
1 Eigelb = 20-25 g; 1 Eiweiß 30–40 g.

„BSOFFENER" KÜRBIS

ca. 6 Portionen | Zubereitungszeit: 40 Minuten

Zutaten

150 g weiße Kuvertüre
150 g Butter, flüssig
1 EL Vanillezucker
Schale von ½ unbehandelten Zitrone, abgerieben
250 g Eiweiß (= 4 Eiweiß)
160 g Kristallzucker
120 g Semmelbrösel, fein gesiebt
90 g Kürbiskerne, fein gerieben und geröstet
Butter und Semmelbrösel (für die Form)

Zubereitung

- Kuvertüre im Wasserbad schmelzen und mit Butter, Vanillezucker und Zitronenschale mischen. Eiweiß mit Zucker zu Schnee schlagen und die Kuvertüremischung vorsichtig einmengen. Mit Bröseln sowie Kürbiskernen behutsam vermengen und in die mit Butter ausgestrichene und mit Bröseln ausgestreute Kastenform füllen. Im vorgeheizten Backrohr bei 180 °C ca. 20–25 Minuten backen. Auskühlen lassen.
- Für den Überguss 200 ml Wasser, 100 g Zucker, 1 Zimtrinde, 2 Nelken, Saft sowie Schale von ½ Zitrone erhitzen, jedoch nicht kochen und ca. 5 Min. ziehen lassen. Abseihen und dann 400 ml Wein zugeben, kaltstellen.
- Die gebackene Masse in Portionen teilen, aus der Form heben, auf Tellern anrichten und mit kaltem Weingemisch kräftig übergießen. Mit geschlagenem Obers servieren.

KÜRBISKERN-SCHOKOLADEN-GUGELHUPF

1 Gugelhupfform (ca. 22 cm Durchmesser) | Zubereitungszeit: 1 Stunde (1 Nacht zum „Reifen")

Zutaten

5 Eier
40 ml Kürbiskernöl
2 cl Rum
50 g Staubzucker
1 Prise Salz
50 g Feinkristallzucker
100 g Kürbiskerne, geröstet und gerieben
100 g Kochschokolade
10 Biskotten, zu Bröseln zerdrückt
50 g Mehl
½ TL Backpulver
etwas Butter
etwas Mehl

Zubereitung

- Die Eigelb mit Kürbiskernöl, Rum, Zucker und Salz schaumig rühren. Die Eiweiß und den Kristallzucker zu steifem Schnee schlagen. Nun werden beide Massen vorsichtig vermengt.
- Die Kürbiskerne und die Kochschokolade fein reiben und mit Mehl, Biskottenbröseln und Backpulver vermischen. Anschließend nach und nach in die Eiermasse mengen. Dann die Masse in eine mit Butter bestrichene und bemehlte Gugelhupfform füllen und bei 180 °C ca. 40–50 Minuten backen.
- Der Gugelhupf sollte über Nacht ruhen.

Tipp: Mit Marillenmarmelade abglänzen und mit geriebenen Kürbiskernen bestreuen.

ZUCCHINI-BLECH-BLITZSCHNITTE

12 Portionen | Zubereitungszeit: 50 Minuten

Zutaten

5 Eigelb
250 g Feinkristallzucker
50 ml Wasser
1 Prise Salz
1 KL Vanillezucker
5 Eiweiß
150 g Pflanzenöl oder Maiskeimöl
1 Prise Zimt
1 Spritzer Tabasco
100 g Haselnüsse, gerieben und geröstet
400 g junge Zucchini (fein geraspelt, leicht eingesalzen und ausgedrückt)
300 g Mehl, glatt
200 g glatt gerührte Ribiselmarmelade (zum Bestreichen)
Haselnüsse, grob gehackt und geröstet (zum Bestreuen)

Zubereitung

- Eigelb mit Wasser, 100 g Kristallzucker, Zimt, Tabasco und Salz schaumig schlagen. Öl leicht emulgierend einlaufen lassen und weiterschlagen. Eiweiß mit restlichem Kristallzucker schmierig schlagen. Zucchini, Nüsse und Mehl zusammen mit ⅓ des Eischnees vorsichtig unter die Eigelbmasse mischen. Dann den restlichen Schnee unterheben.
- Auf ein mit Backpapier ausgelegtes Blech (40 x 35 cm, 2–3 cm hoch) streichen und im vorgeheizten Backrohr bei 170 °C ca. 30 Minuten goldgelb backen.
- Noch heiß mit Ribiselmarmelade bestreichen und mit Haselnüssen bestreuen.

Tipp: Anstelle der Zucchini lässt sich dieser Kuchen auch mit Kürbis- oder Karottenraspeln herstellen. Sie können auch Schokoladenspäne darüberhobeln oder Kakaopulver darüberstreuen. Der Feinkristallzucker lässt sich auch durch Honig oder braunen Rohrzucker ersetzen.

KÜRBISKERN-NUSSPOTITZE

1 Kastenform | Zubereitungszeit: 2 Stunden (1 Nacht Reifezeit)

Zutaten

500 g Weizenmehl (Type 480)
60 g Feinkristallzucker
ca. 250 ml Milch
60 g Butter
2 Eier
20 g Germ (oder 1 Päckchen Trockenhefe)
1 Prise Salz
½ Päckchen Vanillezucker
Schale von ½ Zitrone

Für die Kürbiskernfülle

160 g Kürbiskerne
80 g Feinkristallzucker
100 g Marzipan
70 g Rosinen
2 EL Bienenhonig
40 g Marillenmarmelade (Aprikosenmarmelade)
70 g Biskotten
1 Prise Zimt
1 TL Vanillezucker
Schale von ½ Zitrone
ca. ¼ l süßer Milchkaffee

Zubereitung

- Den Teig mit einem Dampfl zubereiten und sehr glatt abschlagen. Während der Teig aufgeht, wird er zweimal zusammengeschlagen.

- Für die **Kürbisfülle** die Kürbiskerne fein hacken. Den Zucker in einer kleinen Kasserolle goldgelb schmelzen. Dann die Kürbiskerne dazugeben und weiterrösten, bis der Zucker hellbraun karamellisiert ist. Die Kernmasse auf einem geölten Blech auskühlen lassen und anschließend mit einem Rollholz fein zerdrücken. Nun gibt man alle Zutaten der Fülle in eine Schüssel und rührt so viel vom kochend heißen Milchkaffee ein, bis die Fülle gerade noch eine streichfähige Konsistenz aufweist. Die Fülle wird warm verwendet.

- Den Germteig rechteckig ausrollen und die Fülle gleichmäßig aufstreichen. Von beiden Längsseiten zur Mitte hin einrollen.
- Die so entstandene Rolle eine Nacht auskühlen lassen.
- In die mit Butter bestrichene und bemehlte Potitzen- oder Wannenform legen. Die Potitze zugedeckt aufgehen lassen und vor dem Backen mit einem dünnen Zahnstocher mehrmals einstechen.
- Bei 180 °C ca. 45 Minuten backen. Aus der Form stürzen, mit Staubzucker bestauben und dann aufschneiden.

KÜRBISKERN-WEINKEKS

ein gut gefülltes Körberl für 4 Portionen | Zubereitungszeit: 2 Stunden

Zutaten

125 g steir. Kürbiskerne, leicht geröstet und gehackt
220 g Mehl
250 g Zucker
1 Pkg. Vanillezucker
1 Msp. Backpulver
1 Msp. Zimt
2 Eier
zum Tränken empfiehlt sich ein lieblicher Wein (z.B. Muskateller-Spätlese)

Zubereitung

- Backrohr auf 160 °C vorheizen. Kürbiskerne im Rohr kurz rösten und mit einem Wiegemesser grob hacken.
- In einer Rührschüssel Mehl, Zucker, Vanillezucker, Backpulver, Zimt und Kürbiskerne miteinander vermischen. Eier verquirlen und hinzufügen. Aus den Zutaten einen Teig kneten und daraus 2 Rollen mit ca. 3 cm Durchmesser formen.
- Nun die Teigrollen auf ein mit Backtrennpapier ausgelegtes Backblech legen. Im vorgeheizten Rohr bei 160 °C backen (ca. 40–45 min). Die Masse sollte auf Druck noch leicht nachgeben.
- Die Rollen aus dem Rohr nehmen und auskühlen lassen. Danach in 5 mm starke Scheiben schneiden. Nochmals aufs Blech legen und bei 140 °C trocknen lassen. Bei leicht geöffneter Ofentür dauert dies mindestens 1 Stunde.

Tipp: Die ausgekühlten Keks am besten mit einem guten Glas Wein verkosten. Weinkeks beliebig lange in den Wein eintauchen und genießen.

KÜRBISKERNKIPFERL

2 Bleche | Zubereitungszeit: 2 Stunden

Zutaten

170 g Butter
50 g Staubzucker
70 g Kürbiskerne
270 g Mehl, glatt
200 g Staubzucker und 3 EL Vanillezucker vermischt (zum Wälzen)

Zubereitung

- Versiebtes Mehl, Staubzucker, Butter und geriebene Kürbiskerne zu einem glatten Teig verkneten. Eine Rolle formen und 1 Stunde im Kühlschrank rasten lassen.
- Aus dem Teig Kugeln formen, daraus kleine Rollen mit sich verjüngenden Enden walken und diese zu Kipferl formen.
- Auf ein Backblech setzen und im vorgeheizten Backrohr bei 190 °C (Umluft) zu heller Farbe backen.
- Noch warm vom Blech heben und im Zuckergemisch wälzen.

KÜRBISKERNKEKS

20–30 Kekse | Zubereitungszeit: 40 Minuten (Teigreifezeit: 2 Stunden)

Zutaten

100 g Butter
30 ml Kürbiskernöl
70 g brauner Zucker
90 g Kürbiskerne, gerieben
1 Ei
1 Prise Salz
Vanille
Zitronenaroma
Saft von ¼ Zitrone
140 g Mehl
Marillenmarmelade (Aprikosenmarmelade) zum Füllen
Schokoladenglasur (oder einfach nur mit Staubzucker bestauben)

Zubereitung

- Die Butter mit Kürbiskernöl, Zucker und den geriebenen Kürbiskernen vermischen. Das Ei und die Gewürze vermengen. Das Mehl vorsichtig einbröseln und einen Mürbteig drücken. Nicht zu lange zu warm kneten, da der Teig sonst seine Bindung verliert.
- Nun den Teig ca. 2 Stunden in Klarsichtfolie gewickelt an einem kühlen Ort rasten lassen. Anschließend ca. 5 mm dick ausrollen und Scheiben (Durchmesser ca. 4–5 cm) ausstechen.
- Auf ein befettetes Backblech geben und bei 200 °C hell backen.
- Die heißen Scheiben mit Marillenmarmelade bestreichen und je 2 Scheiben zusammensetzen.
- Auskühlen lassen und mit Schokoladenglasur überziehen.

Tipp: Die Kekse sind in einer luftdichten Dose gut haltbar; sie lassen sich auch einfrieren.

KARAMELLISIERTE KÜRBISKERNE

30 runde Taler (5 cm Durchmesser) | Zubereitungszeit: 20 Minuten Foto rechts

Zutaten

300 g Kristallzucker
50 ml Wasser
300 g Kürbiskerne
etwas Pflanzenöl
1 Prise Salz

Zubereitung

- Den Zucker mit Wasser und Salz hell karamellisieren, Kürbiskerne beigeben und gut durchmischen. Auf ein beöltes Backpapier dünn aufstreichen und erkalten lassen.

Tipp: Krokant sollte man trocken, am besten tiefgekühlt, lagern. Man kann auch Kürbistaler fertigen. Hierfür verwende ich Silikonmatten mit 5 cm Durchmesser und erhöhe die Zuckermenge auf 400 g. Zusätzlich gebe ich noch 100 g Obers zum Karamell, das ich dann gut verkoche. Erst danach füge ich die Kerne hinzu und portioniere die Masse löffelweise in Formen.
Man könnte die Unterseite der Taler auch noch – wie bei Florentinern – mit Milchschokolade bestreichen.

KÜRBIS-MANDEL-TORTE

1 Torte (28 cm Durchmesser) | Zubereitungszeit: ca. 1 Stunde

Zutaten

3 Eier
2 Eigelb
120 g Kristallzucker
220 g Speisekürbis, fein geraspelt
60 g Staubzucker
abgeriebene Schale von 1 unbehandelten Limette
4 cl Rum
170 g Mandeln, gerieben
100 g Mehl, glatt
40 g Maisstärke
1 Msp. Zimt, gemahlen
1 Msp. Nelkenpulver
5 g Backpulver
50 g geschmolzene Butter
50 g Kürbiskernöl
flüssige Butter und geriebene Biskotten (für die Form)
Staubzucker (zum Bestreuen)

Zubereitung

- Eier mit Eigelb und Kristallzucker in einer Metallschüssel über einem heißen Wasserbad auf ca. 40–50°C schaumig aufschlagen. Danach aus dem Wasserbad nehmen und mit einer Rührmaschine fest und schaumig schlagen.
- Kürbisraspeln mit Staubzucker, Rum, Limettenschale und Mandeln unterheben.
- Mehl, Maisstärke, Zimt- und Nelkenpulver sowie Backpulver vermischen und unter die Masse heben. Abschließend die geschmolzene Butter und das Kürbiskernöl untermengen.
- Die Form mit flüssiger Butter ausstreichen und mit Biskottenbröseln ausstreuen. Teig einfüllen und im vorgeheizten Backrohr etwa 30 Minuten bei 175 °C (Umluft) backen. Torte auskühlen lassen und mit Staubzucker bestreuen.

Tipp: Wenn Sie die noch heiße Torte mit temperierter Marillenmarmelade überziehen, so schmeckt sie noch saftiger! Des Weiteren glasiere ich die Torte gern mit Zitronenglasur oder bestreue sie mit fein geriebenem Instant-Kakaopulver.

KÜRBIS-MUFFINS

10–12 Muffins | Zubereitungszeit: 2 Stunden

Zutaten

400 g Muskat- oder Speisekürbis
1 EL Rohrzucker
etwas abgeriebene Schale von je 1 unbehandelten Orange und Zitrone
1 Prise Zimt, gemahlen

Für die Streusel

50 g Mehl, glatt
40 g Zucker
40 g Butter
20 g Kürbiskerne, gerieben

Für den Muffinteig

200 g Mehl (Universal)
200 g Rohrzucker
2 EL Biskottenbrösel
1 KL Zimt
1 KL Ingwer, frisch gemahlen
1 Prise Piment, gemahlen
1 KL Backpulver
1 Prise Salz
1 Ei
1 Eigelb
40 g Kürbiskern- oder Maiskeimöl
2 geriebene Äpfel (Boskoop oder Idared)
1 Muffinblech mit 12 Vertiefungen von 7 cm Durchmesser
12 Papierförmchen mit je 5 cm Durchmesser

Zubereitung

- Für das **Püree** den Kürbis in Spalten auf ein Stück Alufolie legen. Rohrzucker, Orangen- und Zitronenschale sowie Zimt darüberstreuen. Den Kürbis in Folie einschlagen und bei 200 °C im vorgeheizten Backofen 35–40 Minuten garen. Den Kürbis aus der Folie wickeln, etwas abtropfen lassen und die Gewürze entfernen. Kürbisfleisch mit einem Löffel aus der Schale lösen (es sollten etwa 250 g sein) und ohne austretende Flüssigkeit mit einem Erdäpfelstampfer zerdrücken.

- Für die **Streusel** alle Zutaten gut miteinander vermischen, zu einer Rolle formen, in Folie wickeln und kalt stellen.

- Für den **Muffinteig** Mehl, Brösel, Rohrzucker, Gewürze, Backpulver und Salz in einer entsprechend großen Schüssel vermengen.
- In einem anderen Gefäß Ei und Eigelb verquirlen. Kürbispüree und Kürbiskernöl unterrühren. Äpfel schälen, in kleine Würfel schneiden und unter die Kürbismischung rühren. Dann Mehl-Brösel-Gewürz-Mischung einarbeiten, bis ein glatter Teig entsteht.
- In jede Vertiefung des Muffinblechs ein Papierförmchen setzen. Nun die Förmchen zu ⅔ mit Teig füllen. Die Streusel mit einer Krenreibe fein raspeln und über die Muffins streuen.
- Die Muffins im vorgeheizten Ofen bei 180 °C (Umluft) 30 Minuten backen. Leicht mit Staubzucker bestreut, noch warm servieren.

KÜRBISKERNTORTE MIT RUM-OBERS

ca. 12 Portionen | Zubereitungszeit: ca. 70 Minuten

Zutaten

8 Eigelb
200 g Kristallzucker
80 g Semmelbrösel
80 g Mehl
200 g steir. Kürbiskerne, gemahlen
1 Pkg. Vanillezucker
2 EL Rum
8 Eiweiß
Butter und Mehl (für die Form)

Für das Rum-Obers

200 ml Obers (Sahne)
4 cl Eierlikör
1 Schuss Rum
1 KL Vanillezucker

Zubereitung

- Eigelb mit ⅓ des Kristallzuckers, 1 Prise Salz und dem Vanillezucker sehr schaumig schlagen. Fein gemahlene steirische Kürbiskerne, Mehl, Rum und Brösel vermischen und abwechselnd mit Eiweiß, das mit dem restlichen Zucker steif geschlagen wird, mehlieren.
- Den Boden einer Tortenform mittlerer Größe mit Backtrennpapier auslegen, den Rand mit Butter ausstreichen und mit Mehl bestauben. Die Tortenmasse einfüllen und bei 170 °C ca. 40 Minuten hellbraun backen.

- Für das **Rum-Obers** die Sahne halbsteif schlagen, Eierlikör, Rum sowie 1 KL Vanillezucker leicht vermischen und löffelweise über die Tortenstücke ziehen.

Tipp: Besonders cremig wird das Obers, wenn man 2–3 EL Vanillesauce unterhebt. Man kann die Torte nach dem Auskühlen auch mit Staubzucker bestreuen und leicht gesüßtes Schlagobers darzureichen. Oder man füllt sie mit Marmelade und überzieht sie mit Schokoladeglasur.

KÜRBISKERN-KAROTTENTORTE

14 Stück | Zubereitungszeit: 60 Minuten

Zutaten

100 g Butter
50 g Kürbiskernöl
3 Eigelb
3 Eiweiß
120 g Staubzucker
100 g Kürbiskerne, fein gerieben
130 g Kristallzucker
250 g Mehl, glatt
60 g Benco, Instant-Kakao
250 g Karotten, geschält
1 gestr. EL Backpulver
1 EL Rum
Zitronenschale, gerieben
1 Prise Salz
Butter (zum Ausstreichen)
Mehl (zum Ausstauben)
Marillenmarmelade (zum Bestreichen)
geriebene Kürbiskerne (zum Bestreuen)

Zubereitung

- Handwarme Butter mit Kürbiskernöl, Staubzucker, Rum und Zitronenschale schaumig rühren. Eigelb untermengen. Karotten fein reißen.
- Eiweiß, Kristallzucker und Salz zu festem Schnee schlagen. Schnee unter den Butterabtrieb ziehen.
- Mehl mit Instant-Kakao und Backpulver versieben. Karotten, Kürbiskerne sowie Mehlgemisch unter die Masse heben.
- Masse in eine gebutterte, gestaubte Tortenform füllen, glatt streichen und im vorgeheizten Backrohr bei Umluft (ca. 170 °C) 40 Minuten backen.
- Nach dem Backen auskühlen lassen, aus der Form lösen, Torte wenden, mit Marillenmarmelade bestreichen und mit geriebenen Kürbiskernen – oben und auch seitlich – bestreuen.

KÜRBISKERNSCHNITTEN SCHNELL GEMACHT

12 Portionen | Zubereitungszeit: 40 Minuten

Zutaten

6 Eier
300 g Zucker
1 Prise Salz
300 g Kürbiskerne, gerieben
150 g Haselnüsse, geröstet und gerieben
3 EL Semmelbrösel
3 EL Rum
2 Äpfel (Boskoop oder Idared), geschält und gerieben

Zubereitung

- Eigelb, Salz und die Hälfte des Zuckers schaumig rühren, übrige Zutaten beimengen. Zum Schluss das Eiweiß mit dem restlichen Zucker zu steifem Schnee schlagen und unterheben.
- Auf ein mit Backpapier ausgelegtes Blech streichen und bei 200 °C (Ober- und Unterhitze) backen.
- Nach dem Auskühlen mit Staubzucker bestreuen und in Stücke schneiden.

MEINE STEIRISCHE KÜRBISKERNTORTE

1 Torte (28 cm Durchmesser) | Zubereitungszeit: 2 Stunden (2 Stunden Kühlzeit)

Zutaten

80 g Haselnüsse, gerieben
40 g Kürbiskerne, gerieben
100 g Kürbisfleisch (vorzugsweise Hokkaido), geraspelt
3 Eigelb
50 g Staubzucker
2 cl Rum
1 Prise Salz
Schale von 1 Zitrone
1 KL Ingwer, gerieben
3 Eiweiß
60 g Kristallzucker (für den Schnee)
2 EL Maisstärke (Maizena)
3 EL Biskotten, fein gerieben
Butter (für die Form)
4 cl schwarzer Nusslikör (oder Quittenbrand)
5 cl Läuterzucker (zum Tränken)

Für die „Kürbisgrillage"

100 g Kürbiskerne, grob gehackt
100 g Staubzucker
Öl (für das Backblech)

Für die Kürbiskerncreme

3 cl Eierlikör
1 Ei und 2 Eigelb
30 g Kristallzucker
1 KL Vanillezucker, 1 Prise Salz
50 g helles Nougat, geschmolzen
50 g „Kürbisgrillage", gerieben (s. o.)
400 ml geschlagenes Schlagobers (Sahne)
4 Blatt Gelatine

Für die Glasur

1 Blatt Gelatine
150 ml Obers (Sahne)
2 EL Kakao (am besten belgischer, stark entölter Kakao)
100 g Zartbitterkuvertüre, geschmolzen
1 EL Butter
100 g Kristallzucker
5 cl Wasser

Zubereitung

- Für den **Teig** Eigelb mit geriebenen Haselnüssen, Kürbiskernen und geraspeltem Kürbisfleisch kurz vermischen. Mit Staubzucker, Rum, Zitronenschale, Ingwer und 1 Prise Salz schaumig rühren.
- Eiweiß mit Kristallzucker und Maisstärke zu Schnee schlagen. Biskottenbrösel in die Eigelbmasse rühren und diese in den Schnee einmengen.
- Masse in eine gut befettete Springform (oder Tortenring) füllen und im vorgeheizten Backrohr bei 180 °C etwa 20 Minuten backen. Auskühlen lassen.

- Für die **„Kürbisgrillage"** den Zucker mit 2 EL Wasser hell karamellisieren. Gehackte Kürbiskerne zugeben und gut durchrösten. Masse auf ein mit Öl bestrichenes Backblech geben und abkühlen lassen. Danach fein reiben.

- Für die **Creme** Gelatine in kaltem Wasser einweichen, ausdrücken und in leicht erwärmtem Eierlikör auflösen.
- Ei, Eigelb, Kristall- und Vanillezucker sowie Salz schaumig rühren. Gelatine zugeben und mit dem geschmolzenen Nougat vermengen. Geriebene „Kürbisgrillage" (nur 50 g!) gemeinsam mit der Eigelbmasse unter das geschlagene Obers rühren.
- Creme in einen Tortenring füllen, glatt streichen und den Tortenboden darauflegen.
- Nusslikör mit Läuterzucker mischen und den Tortenboden damit beträufeln. Etwa 2 Stunden lang tiefkühlen.
- Währenddessen für die **Glasur** Gelatine in kaltem Wasser einweichen, ausdrücken, in Schlagobers erhitzen und gut verrühren.
- Kakao, geschmolzene Kuvertüre und Butter einmengen. Etwa 5 cl Wasser mit dem Zucker aufkochen lassen und mit der Schokolademasse mischen. Mit dem Stabmixer zu einer homogenen Glasur mixen, ohne dabei Luft einzuschlagen (Mixstab stets in der Flüssigkeit belassen).
- Gekühlte Torte umdrehen und den Ring abziehen. Auf ein Kuchengitter geben und mit der Schokoladeglasur dünn überziehen. Tortenrand gut mit restlicher „Kürbisgrillage" bestreuen.

KÜRBISKERNKNÖDERL MIT HOLLERKOCH

6 Portionen (ca. 16–18 kleine Knöderl) | Zubereitungszeit: 1 Stunde

Zutaten

Für die Grießmasse

30 g Butter
150 g Weizengrieß (am besten Goldgrieß)
350 ml Milch
1 EL Feinkristallzucker
Mark von ½ Vanilleschote
abgeriebene Schale von 1 Zitrone
1 Ei
1 Eigelb
1 Prise Salz

Für die Kürbiskern-Marzipanfülle

100 g Marzipan
30 ml Amaretto
50 g Kürbiskerne, geröstet und gerieben

Für die Kürbiskernbrösel

200 g Butter
1 EL Vanillezucker
50 g Semmelbrösel
100 g Kürbiskerne, geröstet und gerieben
etwas Zimt

Zubereitung

- Butter schmelzen, Grieß zugeben und glasig ziehen lassen. Milch mit einer Prise Salz, Kristallzucker, Vanilleschotenmark und abgeriebener Zitronenschale aufkochen lassen, abseihen und über den Grieß gießen. Rühren, bis sich die Masse vom Kochtopf löst.
- Kurz überkühlen lassen. Nun Ei und Eigelb einarbeiten.

- Für die **Kürbiskernfülle** Marzipan, Amaretto und geröstete Kürbiskerne gut miteinander vermischen und zu ca. 1 cm großen Kugerln formen, leicht ankühlen.
- Grießmasse zu kleinen Kugeln formen, diese flachdrücken und mit Kürbiskernkugerln füllen. Knöderl gut verschließen und in kochendem Salzwasser ca. 10 Minuten ziehen, aber nicht kochen lassen.
- Für die **Kürbiskernbrösel** die Butter in einer beschichteten Pfanne erhitzen. Vanillezucker, Zimt, Kürbiskerne und Brösel zugeben, alles gut vermischen und knusprig rösten.
- Fertig gekochte Knödel abtropfen lassen und in den vorbereiteten Kürbiskern-Butterbröseln wälzen.

Tipp: Am liebsten serviere ich Hollerkoch und Himbeermark zu diesem Gericht. Marillen- oder Zwetschkenröster passen genauso gut dazu.

GRIESSSCHMARREN MIT APFEL-KÜRBIS-KOMPOTT

4 Portionen | Zubereitungszeit: 40 Minuten

Zutaten

½ l Milch
180 g Weizengrieß, grob
90 g Butter
30 g Kristallzucker
50 g Rosinen
1 EL Vanillezucker
Zitronenschale
Prise Salz
Butter (zum Ausstreichen)
Zucker (zum Bestreuen)

Für das Apfel-Kürbiskompott

2 säuerliche Äpfel (am besten Jonagold)
100 ml Weißwein
100 ml Wasser
50 g Zucker
100 g Kürbiswürferl (ca. 1 cm groß), vom Gelben Zentner oder Butternuss
1 Gewürznelke
Saft und Schale von ½ Zitrone
¼ Vanilleschote, aufgeschnitten

Zubereitung

- Die Äpfel schälen und in Spalten schneiden. Schalen und Apfelkerngehäuse mit gewässertem Weißwein, Zucker, Zitrone, Vanilleschote und Nelke 5 Minuten gut abkochen. Den so entstandenen Sud auffangen, Kürbiswürferl zugeben und ca. 5 Minuten köcheln. Apfelspalten beimengen und nochmals zugedeckt 2–5 Minuten köcheln. Gut abschmecken und kalt stellen.

- Für den **Grießschmarren** Milch, Butter, Kristallzucker, Vanillezucker, Salz und Zitronenschale gemeinsam aufkochen lassen. Grieß einrühren, aufkochen, Rosinen beigeben. Masse dick einkochen und überkühlen lassen.
- Eine Pfanne mit Butter ausstreichen, die Masse einfüllen, zerteilen und im Backrohr bei 280 °C (Umluft) unter wiederholtem Wenden und ständigem Zerkleinern goldbraun backen.
- Heiß anrichten, mit Zucker bestreuen und mit gut gekühltem Apfel-Kürbiskompott servieren.

KARAMELLISIERTER KÜRBISKERN-SCHMARREN MIT ZWETSCHKENRÖSTER

2–3 Portionen | Zubereitungszeit: 20 Minuten

Foto links

Zutaten

250 ml Milch
100 g Joghurt (fett)
6 Eiweiß
6 Eigelb
150 g Mehl, glatt
30 g Feinkristallzucker
1 Schuss Rum
1 EL Vanillezucker
etwas Zitronensaft
1 Prise Salz
50 g Biskotten, grob zerdrückt
100 g Kürbiskerne, leicht geröstet und gerieben
Kristallzucker
Staubzucker (zum Bestreuen)
Butter (zum Backen)

Für den Zwetschkenröster

500 g kleine Zwetschken (nicht zu weich)
100 g Feinkristallzucker
100 ml Rotwein (am besten Burgunder)
1 Prise Zimt
Schale von ½ Orange, in größere Streifen geschnitten
Saft von 1 Zitrone

Zubereitung

- In einer Schüssel Eiweiß mit Kristallzucker zu Schnee schlagen. In einer anderen Schüssel Milch, Joghurt, Mehl, Eigelb, Zitronensaft, Rum, Vanillezucker und 1 Prise Salz glatt rühren. Schnee und Biskottenbrösel sowie Kürbiskerne unter den Teig heben.
- In einer großen feuerfesten Pfanne etwas Butter erhitzen und den Teig eingießen. Zuerst am Herd anbacken, wenden und dann beidseitig im vorgeheizten Backrohr bei 180 °C braun backen.
- Pfanne aus dem Rohr nehmen und den Teig mit zwei Gabeln in kleine Stücke reißen. Rosinen einmengen, mit Kristallzucker bestreuen und nochmals kurz im Rohr karamellisieren. Mit Staubzucker bestreuen und servieren.

- Für den **Zwetschkenröster** die Zwetschken halbieren und entkernen. Den Kristallzucker hell karamellisieren, mit Rotwein ablöschen und auf die Hälfte einkochen lassen.
- Zwetschken, 1 Prise Zimt und Orangenschalenstücke zugeben und ca. 5 Minuten köcheln lassen. Mit Zitronensaft abschmecken; Orangenschale wieder entfernen. Kalt stellen.

Tipp: Wird der Zwetschkenröster nicht sofort verwendet, so füllt man ihn in heiß ausgespülte Gläser, flambiert die Oberfläche mit 1 EL Weinbrand und verschließt das Glas sorgfältig. So kann der Röster ca. 14 Tage kühl aufbewahrt werden.

KÜRBISKERN-DALKEN MIT KALT GERÜHRTEN MOOSBEEREN

4 Portionen | Zubereitungszeit : 30 Minuten

Zutaten

250 g Sauerrahm
100–120 g Mehl, glatt
40 g Kürbiskerne, geröstet und gerieben
3 Eigelb
3 Eiweiß
40 g Kristallzucker
1 EL Vanillezucker
½ Zitronenschale, gerieben
1 Prise Salz
Butterschmalz (zum Ausstreichen)
mit Zimt vermengter Zucker (zum Bestreuen)

Für die Moosbeeren

400 g Moos- oder Preiselbeeren
300 g Kristallzucker
6 cl Weinbrand

Zubereitung

- Sauerrahm in einer Schüssel mit Mehl, Eigelb, Vanillezucker, Kürbiskernen, geriebener Zitronenschale und 1 Prise Salz glatt rühren.
- In der Zwischenzeit für die Moosbeeren alle Zutaten in einem Rührkessel für 20 Minuten auf niedrigster Drehzahl rühren lassen. Danach in Gläser füllen. Gekühlt sind sie ca. 2 Wochen haltbar.
- Das Eiweiß mit Zucker steif schlagen und unter die Sauerrahmmasse heben. Eine Dalkenpfanne gut mit Butterschmalz ausstreichen, auf dem Herd erhitzen und die Masse mit einem Löffel portionsweise einfüllen. (Steht keine Dalkenpfanne zur Verfügung, so behilft man sich mit Metallringen von etwa 6 cm Durchmesser, in die man die Masse einfüllt.) Bei guter Hitze ca. 2 Minuten anbacken, danach im vorgeheizten Backrohr bei 180 °C 5 Minuten backen, wenden und auf der anderen Seite ebenfalls goldbraun backen. Mit Staubzucker bestreuen und mit den Moosbeeren anrichten.

Tipp: Die Dalken können auch gut vorgebacken und ca. 10 Minuten warm gestellt werden. Vanilleeis oder glatt gerührtes Joghurt passen ideal dazu.

VANILLEEIS MIT KÜRBISKERNÖL

4 Portionen | Zubereitungszeit: 35 Minuten

Zutaten

1 l Milch
500 ml Obers (Sahne)
1 Prise Salz
1 EL Glucose (Zuckersirup – in Apotheke erhältlich)
10 Eigelb
4 Eier
2 Tahiti-Vanilleschoten
4 cl Rum

Kürbiskernöl (Menge je nach Geschmack)
80 g Kürbiskrokant (siehe Rezept Seite 149)

Zubereitung

- Eisgläser gut vorkühlen. Milch mit Glucose, Vanilleschoten, Salz und Obers aufkochen lassen.
- Verschlagene Eier und Eigelb zügig einrühren. Masse erhitzen, bis sie leicht bindet. (Wenn man leicht auf den Kochlöffel bläst, sollte sie sich wie eine Rose kringeln.) Rum zugeben, passieren und in einer Eismaschine gefrieren. Ersatzweise in eine flache Nirostaschüssel füllen, in den Tiefkühler stellen und zwischendurch mehrmals mit dem Schneebesen umrühren, bis man eine cremige Eismasse erhält.
- Je drei Eiskugerln oder Nockerln in die Eisgläser geben, mit Kürbiskernöl beträufeln und mit Krokant bestreuen.

KÜRBIS-PASSIONSFRUCHTEIS IN DER PASSIONSFRUCHT

6 Portionen | Zubereitungszeit: 1 Stunde

Foto links

Zutaten

200 g Wasser
100 g Zucker
100 ml Maracujafruchtmark (aus den ganzen Passionsfrüchten)
100 ml Orangensaft
200 g Muskatkürbiswürferl (ohne Schale)
Saft von ½ Zitrone
6 frische Maracuja (Passionsfrüchte)

Dekor: Kürbischips (siehe Rezept Seite 120)

Zubereitung

- Die Passionsfrüchte halbieren, aushöhlen und das Fruchtfleisch einmal aufkochen lassen. Mixen, passieren und die Passionsfruchthälften auf Eierbechern (aus Keramik oder Metall) ca. 20 Minuten frieren.
- Wasser, Zucker, Fruchtmark und Kürbiswürferl ca. 3 Minuten aufkochen lassen, mit Zitronensaft vermengen und in der Eismaschine einfrieren. Ersatzweise in eine flache Nirosta-Schüssel geben, in den Tiefkühler stellen und zwischendurch mehrmals mit dem Schneebesen umrühren, bis man eine cremige Eismasse erhält.
- Das Sorbet mit einem Kugerl-Portionierer in die Passionsfruchthälften füllen. Evtl. mit Passionsfruchtkernen und mit Kürbischips verzieren und in Eierbechern (oder anderen passenden Behältnissen) servieren.

Tipp: Die Passionsfruchtkerne färben sich durch Erhitzen schwarz und verleihen dem Sorbet einen optisch markanten Eindruck.

MELONEN-CHILIEIS

ca. 20 Kugeln | Zubereitungszeit: 1–2 Stunden (je nach Gefriermöglichkeit)

Zutaten

400 g kernlose Wassermelone, geschält und gewürfelt
300 g Netzmelone, geschält, entkernt und gewürfelt
300 ml Orangensaft
200 g Feinkristallzucker
1 EL Glucose (Zuckersirup – in Apotheke erhältlich)
120 ml Prosecco oder Frizzante (mein Geheimtipp wäre Uhudler-Sekt)
6 cl Pêcher Mignon (Pfirsich-Likör)
Saft von 2 unbehandelten Zitronen
1 frische rote Chili, entkernt und sehr fein gehackt

Zubereitung

- Orangensaft mit Kristallzucker und Glucose zu einem Sirup kochen. Melonenfleisch pürieren und mit den restlichen Zutaten zum Sirup geben.
- In eine Eismaschine füllen und einfrieren. Andernfalls in eine flache Nirostaschüssel füllen, in den Tiefkühler stellen und zwischendurch mehrmals mit dem Schneebesen umrühren, bis man eine cremige Eismasse erhält.

Tipp: Pur löffeln oder mit Prosecco, in einem tollen Weinglas serviert, genießen.
Melonen-Chilieis eignet sich „einfach für zwischendurch" oder als krönender Abschluss eines perfekten Menüs an heißen Tagen.

KÜRBISKERNTRÜFFELN

ca. 40–50 | Zubereitungszeit: 1 Stunde (2 Stunden Reifezeit)

Zutaten

250 ml Obers (Sahne)
2 Orangenschale, gerieben
110 g heller Nougat
100 g Marzipan
50 ml Amaretto
200 g weiße Kuvertüre
20 ml Kürbiskernöl
150 g Kürbiskerne, gerieben und geröstet
1 Prise Salz ca. 300 g weiße Kuvertüre und 20 ml Kürbiskernöl (zum Tunken)

Zubereitung

- Obers mit Orangenschale aufkochen lassen. Marzipan und Kuvertüre darin auflösen, restliche Zutaten sorgfältig untermischen. Für 2 Stunden kalt stellen. Mit einem Kugelausstecher (Parisienneausstecher) ca. 15 mm große Kugeln ausstechen (dazwischen den Ausstecher immer in heißes Wasser tauchen). Kugeln auf ein Backpapier setzen und kurz anfrieren.
- Die weiße Kuvertüre in Kürbiskernöl schmelzen. Nun die ersten 10 Kugerln mit Hilfe eines dünnen Metallspießes in die Kuvertüre tauchen, gut abtropfen lassen und auf einem feinmaschigen Gitter absetzen.
- Am besten arbeitet man bei diesem (sowie beim kommenden) Vorgang mit Einweghandschuhen: Trüffel mit der Hand leicht kreisförmig bewegen – auf diese Weise erhält man die typische Trüffel-Textur. Danach auf Backpapier oder in Papiermanschetten absetzen und den Vorgang mit den nächsten Trüffeln wiederholen.

Tipp: Die Trüffeln sollte man kühl genießen, sie lassen sich auch gut einfrieren.

KÜRBIS-KROKANTPARFAIT MIT BRATAPFEL

6–8 Portionen | Zubereitungszeit: 1 Stunde (danach 4 Stunden Gefrierzeit)

Zutaten

2 Eigelb
2 Eier
1 Prise Salz
½ Vanilleschote
150 g weiße Schokolade (Kuvertüre)
50 g Kürbiskernöl
4 cl Amaretto
100 g Marzipan, gerieben (am besten leicht angefroren mittels Gemüsereibe)
500 g Obers (Sahne)

Für die Bratapfelcreme

4 säuerliche Äpfel
etwas Butter
30 g Kristallzucker
1 Prise Zimt
etwas Zitronensaft
1–2 cl Grenadinesirup

Für den Krokant

60 g Kürbiskerne
60 g Zucker

Zubereitung

- Eigelb, Eier und Vanille über Wasserbad cremig schlagen.
- Die Kuvertüre bei 40 °C schmelzen und mit Eiermasse vermischen.
- Kürbiskernöl, Amaretto und Marzipan mixen und zur Masse hinzufügen.
- Schlagobers halbsteif aufschlagen und unter die Kürbiskernöl-Eiermasse heben.
- In Portionsförmchen füllen und mindestens 4 Stunden frieren.

- Für den **Kürbiskernkrokant** Zucker mit 2 cl Wasser hell karamellisieren, Kürbiskerne zugeben, gut durchmischen und dünn auf ein beöltes Backpapier aufstreichen. Erkalten lassen. Danach den Krokant in einem Plastiksäckchen zerklopfen oder in einem Cutter mixen. Krokant großzügig über das Parfait streuen.

- Für die **Bratapfelcreme** 4 säuerliche Äpfel leicht einritzen, mit flüssiger Butter bepinseln und in Kristallzucker wälzen. Im Ofen auf Backpapier bei 180 °C ca. 30 Minuten weich braten. Danach die weichen Teile herunterschneiden und fein mixen. Mit etwas Zimt, Zitronensaft und 2 cl Grenadinesirup abschmecken.
- Das Parfait auf einem Bratapfelspiegel (hierfür die Bratapfelcreme mit einem Suppenlöffel kreisrund am Teller mittig auftragen) anrichten.

KÜRBISBROT MIT FRUCHTFLEISCH

1 Kastenform (ca. 30–35 cm Länge und 10 cm Breite) | Zubereitungszeit: 3 Stunden

Zutaten

1 (ca. 500 g) Kürbis (Muskat- oder Speisekürbis), geschält
1 frischer Ingwer
1 Zitroneschale, gerieben
50 g Kürbiskerne
250 g Mehl (Universal)
250 g Vollkornmehl
1 Würfel (42 g) frische Germ (Hefe)
2 TL Zucker
1 Prise Salz
Öl oder Butter (für die Form)

Zubereitung

- Den Kürbis von Kernen und Fasern befreien und in Würfel schneiden. Mit 100 ml Wasser in einem Topf zum Kochen bringen und zugedeckt bei mittlerer Hitze etwa 15 Minuten kochen, bis der Kürbis weich ist. Die Kürbiswürfel abgießen, dabei den Sud auffangen und den Kürbis mit dem Pürierstab fein mixen.
- Ingwer schälen und sehr fein reiben. Die Kürbiskerne fein hacken. Das Mehl in eine Schüssel geben. Die Germ zerkrümeln und mit 5 EL Kochsud anrühren. Kürbispüree, Ingwer, Zitronenschale, Kürbiskerne, Zucker und Salz zum Mehl hinzufügen und alles gut in einer Rührmaschine durchkneten. Den Teig zudecken und an einem warmen Ort etwa 45 Minuten gehen lassen.
- Die Kastenform fetten, den Teig einfüllen und nochmals etwa 15 Minuten gehen lassen. Den Backofen auf 180 °C vorheizen. Das Brot im heißen Ofen mit Umluft bei 180 °C ungefähr 40 Minuten backen, bis es schön gebräunt ist. Kurz in der Form stehen lassen, auf ein Kuchengitter stürzen und abkühlen lassen.

KÜRBISKERNBAGUETTE

5 Baguettes (ca. 250 g Teiggewicht) | Zubereitungszeit: ca. 2 Stunden Foto rechts und nächste Seite

Zutaten

500 g Buttermilch (oder fettarmes mildes Joghurt)
300 g Roggenmehl
300 g Weizenmehl (Universal)
150 g Kürbiskerne, leicht geröstet und gehackt
20 g Salz
40 g Germ (Hefe)
50 g Kürbiskernöl
2 EL Brotgewürz
warmes Wasser (nach Bedarf)

Zubereitung

- Alle Zutaten in einer Knetmaschine zu einem Teig verarbeiten. 10 Minuten rasten lassen, danach nochmals gut durcharbeiten.
- Den Teig auf einer bemehlten Arbeitsfläche zu Baguettes oder Brotlaibchen verarbeiten oder in eine Kastenform einsetzen und 20–25 Minuten zugedeckt gehen lassen.
- Bei 240 °C ca. 10 Minuten (mit einem Blech, das 1 cm hoch mit Wasser gefüllt ist) backen. Die restlichen 40 Minuten bei 190 °C (ohne Wasserblech) fertig backen.

KÜRBISKERN-NUSSWECKERLN

ca. 30 Weckerl à 50 g | Zubereitungszeit: 2 Stunden

Zutaten

750 g Weizenvollkornmehl
750 g Roggenvollkornmehl
60 g Germ (oder 1 Packerl Trockenhefe)
120 ml Milch
30 ml Kürbiskernöl
300 ml lauwarme Milch
250 g Joghurt (3,6 %)
1 EL Salz, 2 EL Zucker
150 g Kürbiskerne, geröstet und grob gehackt
100 g schwarze Nüsse (oder Walnüsse), fein gehackt
2 EL Brotgewürz
Kümmel, Koriander, Fenchel, Mohn, Sesam
1 Ei (zum Bestreichen)

Zubereitung

- Aus Germ und 120 ml Milch ein Dampfl anrühren. 10 Minuten gehen lassen, danach alle übrigen Zutaten zugeben, gut durchkneten, zu einer Rolle formen und daraus verschiedene Kleingebäckstücke formen.
- Auf ein befettetes Blech legen, mit Ei bestreichen, mit Mohn oder Kümmel, Fenchel, Sesam oder Koriander bestreuen. Noch weitere 20 Minuten gehen lassen. Bei 210 °C 20–25 Minuten mit etwas Wasserdampf (hierfür ein Blech mit ca. 1 l Wasser bedecken) backen.

Tipp: Diese Weckerl lassen sich gut nach dem Backen sofort einfrieren. Bei Bedarf einfach ca. 5 Minuten aufbacken.

FINK'S
ECHTE DELIKATESSEN
IN STEIRISCHER HANDARBEIT
KÜRBIS-CHUTNEY
"mit Ingwer und Balsamessig"
FINK'S
ECHTE DELIKATESSEN
IN STEIRISCHER HANDARBEIT
SCHALOTTEN
"in Schilcherweinessig"
FINK'S
ECHTE DELIKATESSEN
IN STEIRISCHER HANDARBEIT

Kürbis
Haltbarmachen & Lagern

KÜRBISKERNE LAGERN, RÖSTEN, REIBEN UND HACKEN

Generell ist es sehr wichtig, möglichst frische Kerne zu kaufen, da diese am meisten Geschmack aufweisen. Am besten werden sie – dunkel und trocken – in Plastiksäckchen oder vakuumverpackt gelagert. Um Mehlfliegen und sonstigem Ungeziefer vorzubeugen, friere ich Kürbiskerne, Nüsse und Getreidekörner vorzugsweise ein. So kann gar nichts passieren. Gut gelagert, sind sie problemlos wochenlang haltbar. Um Kürbiskerne optimal zu reiben, ist eine Moulinette oder ein Blitzhacker empfehlenswert. Mithilfe dieser Geräte ist eine exakte Körnung (von grobkörnig bis fein) möglich.

Generell gilt: Hackt man die Kerne zu lange, werden sie zu warm und in weiterer Folge womöglich bitter und schneller ranzig (verdorben).

KÜRBISSE LAGERN, FRIEREN, EINSALZEN

Je nach Reifegrad und Kürbisart kann man die Früchte länger oder kürzer lagern.
Bei Muskatkürbis oder Langen von Neapel habe ich folgende Erfahrungen gemacht:
Lagert man reife Kürbisse auf Styroporplatten, so bekommen diese keine Druckstellen. Die Lagertemperatur sollte bei 10–14 °C liegen. Möchte man Kürbisse länger lagern, so kühlt man sie bei ca. 4 °C, wobei die Luftfeuchtigkeit (im Kühlschrank oder im Haus) nicht zu hoch sein sollte. So kann man sie über Monate lagern.
Der optimale Reifegrad von Kürbissen lässt sich in ähnlicher Weise wie bei Melonen feststellen: Wenn man an der Unterseite des Kürbisses (in der Mitte) mit dem Finger leicht andrückt, sollte die Druckstelle etwas nachgeben, also eher weicher sein. Bei Melonen lässt sich dies zusätzlich auch am reifen guten Duft an dieser (Druck-)Stelle in Erfahrung bringen.

WENN MAN KÜRBISSE EINFRIEREN MÖCHTE, IST FOLGENDES ZU BEACHTEN

Kürbisse schälen, entkernen und entweder roh in Würfel schneiden oder mit etwas Wasser weich dämpfen. Danach pürieren. Zum Einfrieren sollten nicht zu große Säckchen oder Behälter verwendet werden, weil diese sonst nicht schnell genug durchfrieren können. Gerade ein schneller Gefriervorgang ist aber wichtig, da sich im Zuge dessen weniger Eiskristalle im Produkt bilden können.

Kürbis lässt sich auch, eingesalzen und in kleine Würferl geschnitten, haltbar machen. Hierfür den Kürbis schälen, das Kürbisfleisch in 2–5 cm große Würferl schneiden, salzen und gut verkneten. Pro Kilogramm Kürbis verwende ich 30–40 g Meersalz. Nach ca. 30 Minuten wird der Kürbissaft ausgepresst und entweder entsorgt oder für eine Suppe oder für gekühlte Shakes verwendet. Nun den ausgedrückten Kürbis in große Einmachgläser füllen.
Gekühlt sind die eingesalzenen Kürbiswürferl ca. 4–5 Monate haltbar. Ich verwende sie gern für Suppen, Pesto oder als knackige Suppen- oder Gemüseeinlage.

EINGELEGTER SENFKÜRBIS

3–4 Schraubgläser à 500 ml | Zubereitungszeit: ca. 1 Stunde

Zutaten

1000 g Öl- oder Speisekürbis, in kleine Spalten geschnitten
600 ml Wasser
300 ml Weißweinessig
2 EL Senfkörner, 2 Lorbeerblätter
2 Schalotten, in Ringerl geschnitten
1 KL Vitamin C
2 EL Meersalz
100 g Zucker
2 Knoblauchzehen, blättrig geschnitten
1 Zweigerl Dill
2 Wacholderbeeren, angedrückt

Zubereitung

▪ Alle Zutaten miteinander aufkochen lassen, Essig und Kürbis zugeben, erneut aufkochen und in Gläser füllen. Sorgfältig verschließen und mindestens 2 Wochen reifen lassen.

SÜSS-SAUER EINGELEGTER KÜRBIS

ca. 6–8 Schraubgläser à 500 ml | Zubereitungszeit: 1 Stunde

Zutaten

2 kg Muskatkürbis oder Langer von Neapel (geschält und in 1,5 cm Würfel geschnitten)
1 l Wasser
600 ml Weißwein (Veltliner) oder Weißweinessig
300 g Rohrzucker
100 g Blütenhonig
1 KL Vitamin C
40 g Salz
1 kleine Knolle Ingwer, geschält und blättrig geschnitten
½ Stange Zimt
1 Langer Pfeffer)
1 EL bunte Pfefferkörner, grob geschrotet
2 Chilischoten, halbiert und entkernt
1 EL Senfkörner
1 Zweigerl Zitronenthymian
2 Schalotten, in Ringerl geschnitten
2 Knoblauchzehen, in Scheiben geschnitten

Zubereitung

▪ Wasser mit Salz, Rohrzucker, Honig, Vitamin C, Schalotten, Knoblauch und den Gewürzen einmal aufkochen. Veltliner und Essig beigeben. Mit den Kürbiswürferln einmal aufkochen lassen, Zimtstange und Langen Pfeffer entfernen (ansonsten werden die Aromen zu intensiv) und sehr rasch und heiß in Gläser füllen und mit einem Deckel gut verschließen.

Tipp: Wenn Sie mengenmäßig sehr viel einzukochen haben, dann empfehle ich Folgendes: Alle Zutaten (bis auf den Kürbis) einmal aufkochen lassen, Essig zugeben. Die rohen Kürbiswürfel in die heiß gereinigten Gläser füllen. Nun mit dem Sud aufgießen und gut verschließen. Die befüllten Gläser auf ein tiefes Backblech stellen, dieses (bis zur Hälfte der Gläser) mit Wasser füllen und im Backrohr (Umluft) bei 110 °C ca. 40 Minuten konservieren. Danach die Gläser auf den Kopf stellen und über Nacht erkalten lassen. Noch besser ist es, die Gläser mit kaltem Wasser langsam abzuschrecken.
Bitte nicht zu schnell kalt abschrecken, da die Gläser ansonsten auf Grund von Hitzestau zerspringen könnten.

PIKANT EINGELEGTER KÜRBIS

ca. 7–8 Schraubgläser à 500 ml | Zubereitungszeit: 1 Stunde

Zutaten

2 kg Kürbis (Gelber oder Roter Zentner bzw. Langer von Neapel)
4 rote Spitzpaprikaschoten
1 Gurke, geschält und ausgehöhlt
2 gelbe Zucchini
6 Schalotten
2 Knoblauchzehen, blättrig geschnitten
1 Handvoll Dill, fein geschnitten
600 ml bester Apfelessig
1 KL Vitamin C
1,2 l Wasser
300 g Rohrzucker
1 Zweigerl Rosmarin
3 EL Meersalz
je 2 Lorbeerblätter und Gewürznelken
1 EL weiße Pfefferkörner, geschrotet
2 Chilischote, halbiert und entkernt
1 EL Senfkörner

Zubereitung

- Kürbis schälen und entkernen, Spitzpaprikaschoten, Gurke und Zucchini in 1–1,5 cm große Würfel schneiden. Die Schalotten in Ringe, den Knoblauch und die Dillzweigerl klein schneiden.
- Vitamin C, Wasser, Zucker, Salz, Senfkörner und Gewürze aufkochen, etwas abkühlen lassen und den Essig zugeben. Die übrigen Zutaten beimengen und einmal stark aufkochen lassen. Heiß bis zum Rand in Schraubgläser füllen und verschließen.

Tipp: Beim Einlegen in Essig ist zu beachten, den Essig immer zum Schluss hinzuzufügen, da Essigsäure flüchtig ist und es daher zu Einbußen in puncto Intensität und Geschmack kommen würde. Zusätzliche Ergänzungen mit Gemüse können beliebig verändert werden. Hier sind Ihrer Kreativität keine Grenzen gesetzt. Wichtig ist nur, dass das Mengenverhältnis von Essig, Wasser und Gemüse ausgewogen bleibt.

SALZGURKERL SELBST GEMACHT

6–8 Schraubgläser à 500 ml | Zubereitungszeit: ca. 90 Minuten (2 Tage Reifezeit)

Zutaten

2 Handvoll Salz
40 g Zucker
1500–2000 g Gurken (am besten Einlegegurken)
1 kl. Bund Dill
½ Krenwurzel
ca. 16 Knoblauchzehen
Senfkörner
Kren (zum Einlegen)

Zubereitung

- Ca. 2 Liter Wasser aufkochen und mit Salz und Zucker versetzen, völlig auskühlen lassen.
- Gurken sorgfältig putzen und abtropfen lassen (Enden nicht abschneiden und nicht aufspießen). Ebenso Dill und ½Krenwurzel waschen, schälen und in 2 mm dicke Scheiben schneiden. Die Gurken senkrecht in den Einmachgläsern aufstellen. In jedes Glas Dill, ein Stück Kren, 2 Knoblauchzehen und einige Senfkörner geben. Nun mit dem zubereiteten Wasser so weit auffüllen, dass die Gurken vollkommen bedeckt sind. Die Ränder der Gläser trocken wischen und mit dem Deckel verschrauben. Gläser 24 Stunden in der Küche stehen lassen (18–20 °C), danach im Keller lagern (8–10 °C). Nach einiger Zeit schließen sich die Gläser von selbst, dann am besten im Kühlschrank lagern.

EINGELEGTER CHILIKÜRBIS

ca. 6 Schraubgläser à 500 ml | Zubereitungszeit: ca. 1 Stunde

Zutaten

2 kg Kürbis (Gelber oder Roter Zentner bzw. Langer von Neapel)
6 Schalotten
2 Knoblauchzehen, blättrig geschnitten
500 ml Weißwein (Veltliner) oder Weißweinessig
1 KL Vitamin C
900 ml Wasser
150 g Rohrzucker
je 1 Zweigerl Rosmarin und Thymian
3 EL Meersalz
Gewürze
2 Lorbeerblätter
2 Nelken
1 EL weiße Pfefferkörner, geschrotet
2 Chilischoten, halbiert und entkernt
1 EL Senfkörner

Zubereitung

- Kürbis schälen und in 1 x 1,5 cm große Stücke schneiden. Die Schalotten in Ringe und den Knoblauch klein schneiden. Vitamin C, Wasser, Zucker, Salz, Senfkörner und Gewürze aufkochen, etwas abkühlen lassen und den Essig zugeben. Die übrigen Zutaten beimengen und einmal stark aufkochen lassen. Heiß in Schraubgläser (bis zum Rand) einfüllen und verschließen.

Tipp: Wie viel Chili Sie verwenden, bleibt allein Ihre Entscheidung. Scharf macht lustig!

KÜRBISKERNÖL-MAJONNAISE

für 300 ml Kürbiskernölmajonnaise

Zutaten

1 Eigelb
1 KL Dijonsenf
Zitronensaft
Prise Salz
Spritzer Tabasco
150 ml Kürbiskernöl
50 ml Maiskeimöl
100 g Joghurt oder Sauerrahm
1 EL Kren, fein gerieben

Zubereitung

- Das Eigelb mit Dijonsenf, Salz, Zitronensaft, Tabasco und Salz in einem schmalen hohen Gefäß mit Hilfe eines Stabmixers vermengen.
- Danach langsam beide Öle einlaufen lassen und mit dem Stabmixer zu einer dicklichen Majonnaise aufschlagen, Joghurt-Kren zugeben und pikant abschmecken.

Tipp: Diese Majonnaise hält sich gekühlt maximal 2 Tage. Wer sie gern schärfer mag, kann auch etwas Wasabi zugeben.

KÜRBISSENF

3 Schraubgläser à 500 ml | Zubereitungszeit: ca. 1 Stunde

Zutaten

1000 g Kürbisfleisch vom Speisekürbis, geraspelt
300 g Gelierzucker (3:1)
50 g Senfkörner, gemahlen
150 g Dijonsenf
2 Äpfel, geschält und gerieben
Meersalz
3 Zitronen (Saft und Zesten)

Zubereitung

- Den Zitronensaft mit Zesten und geriebenen Äpfeln einkochen. Geraspelten Kürbis zugeben und ca. 10 Minuten weiterkochen. Die restlichen Zutaten hinzufügen und 5 Minuten kochen lassen. Würzig abschmecken, in Gläser füllen und 2 Wochen reifen lassen.

Tipp: Dieser Senf ist vielseitig einsetzbar. Passt beispielsweise hervorragend zu reifem Käse, zu Bratwürsteln oder Leberkäse. Ideal für Grillfeste!

MARILLEN-KÜRBIS-CHUTNEY

ca. 4 Schraubgläser à 300 ml | Zubereitungszeit: 1 Stunde

Zutaten

500 g Muskatkürbis oder Langer von Neapel
500 g Marillen (Aprikosen)
200 g brauner Zucker
300 ml Tokaier
½ abgeriebene Zitronenschale
Saft von 1 Zitrone
100 ml Marillen- oder weißer Balsamessig
50 g Marzipan, tiefgekühlt und gerieben
Meersalz
1 Prise schwarzer Kümmel
1 frische Chilischote, ohne Kerne und sehr fein geschnitten

Zubereitung

Für das Chutney den Kürbis und die Marillen in 6 mm dicke Würfel schneiden, alle restlichen Zutaten zugeben und in einem niedrigen geräumigen Topf ca. 10 Minuten einkochen. Es sollte eine „breiartige" Konsistenz erreicht werden. Würzig abschmecken und noch sehr heiß in vorbereitete Gläser einfüllen.

FINK'S
VOGELBEEREN
FINK'S
SCHWARZE NÜSSE
FINK'S
ECHTE DELIKATESSEN
FINK'S
ECHTE DELIKATESSEN
EIERSCHWAMMERL
FINK'S
FINK'S
ECHTE DELIKATESSEN
SCHALOTTEN
FINK'S
ECHTE DELIKATESSEN
WILDAPFERLN
FINK'S
ECHTE DELIKATESSEN
KÜRBISPESTO
FINK'S
ECHTE DELIKATESSEN
SÜSSER KÜRBIS
FINK'S
ECHTE DELIKATESSEN
ROTES STACHELBEER-CHUTNEY
FINK'S
ECHTE DELIKATESSEN
MARILLEN-CHUTNEY
FINK'S
ECHTE DELIKATESSEN
FINK'S
ECHTE DELIKATESSEN
FINK'S
ECHTE DELIKATESSEN
FINK'S
ECHTE DELIKATESSEN
TOMATEN-CHUTNEY
FINK'S
ECHTE DELIKATESSEN

FINK'S
ECHTE DELIKATESSEN
KÜRBIS-CHUTNEY
QUITTEN-GELEE
HOLLERMANDL
MARILLE
ERDBEERE

FINK'S

FINK'S EINKOCH-EINMALEINS

- Je frischer die Früchte ins Glas kommen, desto besser. Wenn man sie vorher kühlt, verlieren sie an Aroma.

- Verwenden Sie niemals überreife Früchte. Sie enthalten zu viele Keime und gefährden das Endergebnis.

- Halten Sie sich bei der Herstellung an die Maxime: Was die Natur hergibt, soll man nicht durch unnötige Spielereien verändern. Reinsortige Marmeladen sind „Cuvées" grundsätzlich vorzuziehen.

- Achten Sie darauf, dass der Zuckeranteil bei 1 kg Früchten niemals unter 350 g liegt, da Zucker konservierend wirkt und die Marmelade ansonsten schnell verdirbt.

- Sollten Sie mit tiefgekühlten Früchten arbeiten, diese nach dem Auftauen sofort verwenden. So arbeitet man immer mit einem total frischen Produkt.

- Der übliche Gelierzucker kann auch ersetzt werden: Verwenden Sie für 1 kg Früchte 400 g Rübenzucker und vermischen Sie den Zucker mit 30 g Apfel-Pektinpulver. Dann sofort weiterverarbeiten.

- Aufsteigender Schaum muss immer gut abgeschöpft werden.

- 1 Schuss Zitronensaft (oder sehr guter Essig) vor dem Abfüllen erhöht die Gelierkraft, stabilisiert die Farbe und rundet den Geschmack ab.

- Verwenden Sie beim Abschmecken der Marmelade statt Zitronensaft leicht in Wasser aufgelöste Zitronensäure. Dies macht die Farbe dauerhaft intensiv.

- Füllen Sie Chutneys und Marmelade immer so schnell wie möglich bei einer Temperatur von mindestens 80 °C ab. Verschließen Sie die Gläser unmittelbar danach, andernfalls bilden sich schnell Keime.

- Legen Sie die Schraubdeckel vorher 5 Minuten in heißes Wasser, damit der Gummiverschluss elastisch wird und besser schließt.

- Verwenden Sie zum Abfüllen ausschließlich heiß gereinigte Gläser.

- Ein guter Verschluss ist der halbe Marmeladegenuss. Am besten eignen sich Twist-Off-Gläser mit Schraubverschluss.

- Sobald ein Marmeladeglas einmal geöffnet wurde, sollte es im Kühlschrank gelagert werden.

- Entnehmen Sie die Marmelade (und auch alle anderen Produkte aus Glas-Konserven) nicht mit einem Metall-, sondern immer mit einem Kunststofflöffel. Das Metall gibt seinen metallischen Geschmack nicht nur weiter, sondern kann das Produkt auch zum Oxidieren bringen.

- Lagern Sie eingelegte Produkte immer kühl und dunkel.

- Etikettieren Sie jedes abgefüllte Marmeladeglas, indem Sie Inhalt und Abfülldatum vermerken. Nur so bekommen Sie Ordnung in Ihren Vorratsschrank.

- Falls Sie die Marmeladen nur für den Eigenbedarf herstellen, dürfen Sie diese getrost auch als „Marmeladen" bezeichnen. Im gewerblichen Bereich muss sie nach den EU-Verordnungen entsprechend ihren Fruchtzuckeranteilen als „Fruchtaufstrich" oder „Leicht-Konfitüre" klassifiziert werden.

QUITTEN-KÜRBISKOMPOTT

3 Schraubgläser à 500 ml | Zubereitungszeit: 40 Minuten (1–2 Wochen Reifezeit nach Abfüllung)

Zutaten

700 g Speisekürbis (vorzugsweise Gelber Zentner), geschält
1–2 Quitte
200 g Rohrzucker
Saft von 3 Zitrone
250 ml Weißwein, trocken
200 ml Apfelsaft
100 ml Marsala oder Süßwein
200 ml Wasser
2 Gewürznelken
½ Stange Zimt
1 Msp. Vitamin C
½ Vanilleschote, aufgeschlitzt
1 Ingwer, blättrig geschnitten

Zubereitung

▪ Kürbis in ca. 15 mm große Würferl schneiden. Quitten schälen, halbieren und in Spalten schneiden. Kerngehäuse entfernen. Alle restlichen Zutaten gemeinsam aufkochen. Kürbiswürferl und Quitten zugeben und einmal gut durchkochen lassen. Nelken und Zimtstange entfernen und noch sehr heiß in Schraubgläser füllen. Sorgfältig verschließen und für 5 Minuten auf den Kopf stellen. Danach die Gläser umdrehen und ca. 1–2 Wochen reifen lassen.

Tipp: Kompott eiskalt mit Vanilleeis oder zu Kaiserschmarren bzw. zu Wildgerichten oder Ganslleber servieren.

FINK'S SÜSSER KÜRBIS

5 Schraubgläser à 500 ml | Zubereitungszeit: 40 Minuten (2 Stunden zum Marinieren)

Zutaten

1500 g Speise- oder Muskatkürbis, geschält
500 g Äpfel (Golden Delicious), geschält und geraspelt
200 ml frisch gepresster Orangensaft
300 ml Weißwein
100 ml weißer Balsamessig
1 KL Vitamin C
1 Vanilleschote, aufgeschlitzt
1 Stange Zimt
2 Gewürznelken
1 kleine Knolle Ingwer, geschält und sehr fein gerieben
2 Packerl
Gelierzucker (3:1)

Zubereitung

▪ Kürbis in 5 mm Würferl schneiden und mit den restlichen Zutaten (außer Vitamin C) 2 Stunden gut marinieren lassen. Danach 6 Minuten sprudelnd kochen lassen, evtl. aufsteigenden Schaum abschöpfen und Vitamin C einrühren. Weitere 4 Minuten kochen lassen. Danach die Gewürze entfernen und sofort in Schraubgläser füllen, diese gut verschließen und für ca. 10 Minuten auf den Kopf stellen. Dann umdrehen und mindestens 2 Wochen reifen lassen.

Tipp: Der süße Kürbis war eines unserer ersten Produkte, die wir kreierten. Er passt ideal zu Geflügelgerichten, ist aber auch sehr gut zum Füllen von Torten und Keksen geeignet. Am liebsten genieße ich ihn mit Rotschmier- oder Schimmelkäse.

ZITRUS-VOGELBEER-KÜRBISMARMELADE

ca. 4–5 Schraubgläser à 500 ml | Zubereitungszeit: 1 Stunde

Zutaten

10 unbehandelte Zitronen
1000 g Kürbis-Fruchtfleisch (vom Speisekürbis)
300 g Vogelbeeren
50 g Kakao-Nips (Cru de Cacao)
6 Äpfel (Golden Delicious), geschält und geraspelt (ca. 300–400 g)
1 Packerl Gelierzucker (3:1)
4 cl Limoncello (Zitronenlikör)

Zubereitung

- Zitronen in kochendem Salzwasser 2 Minuten lang blanchieren (überbrühen) und kalt abschrecken. Die Schale vorsichtig abschneiden und in feine Streifen schneiden. Zitronen halbieren, auspressen und mit den restlichen Zutaten ca. 3 Stunden gut marinieren lassen. Danach ca. 5 Minuten sprudelnd kochen, den aufsteigenden Schaum abschöpfen. Limoncello zugeben und noch sehr heiß in Gläser füllen. Die Marmelade sollte noch 1–2 Wochen reifen, um den vollen Geschmack entfalten zu können.

Tipp: Um zu erkennen, ob die Marmelade geliert, vor dem Abfüllen 1 EL Marmelade auf einen zuvor gut gekühlten Teller geben. Vogelbeer-Kürbismarmelade serviere ich gern zu reifem Käse oder einfach auf mit Butter bestrichenem Zwieback oder Toastbrot.

KÜRBIS-ORANGENMARMELADE

ca. 4–5 Schraubgläser à 500 ml | Zubereitungszeit: ca. 2 Stunden (4 Stunden zum Marinieren)

Zutaten

2 kg Orangen, unbehandelt
1 kg Speisekürbis, geschält und in 5 mm Würferl geschnitten
1 kg Gelierzucker (3:1)
1 EL Rosmarin, fein geschnitten
Saft von 2 Zitronen, unbehandelt
Salz (zum Blanchieren)
50 ml Orangenlikör

Zubereitung

- Die Orangen heiß waschen, schälen und auspressen. Ausgepresste Orangen mit den Schalen 2 Minuten in Salzwasser überkochen und dann kalt abschrecken. Überkochte, ausgepresste Schalen „faschieren" (ca. 3–5 mm) und mit ausgepresstem Orangensaft und Gelierzucker sowie den Kürbiswürfeln 4 Stunden marinieren. Aufkochen, Rosmarin zugeben und mindestens 5–8 Minuten sprudelnd kochen. Geeignete Gläser vorbereiten. Zitronensaft und Likör zugeben, aufsteigenden Schaum abschöpfen. Falls die Marmelade zu dick ist, noch etwas Orangensaft dazugießen. In Gläser abfüllen und sofort zuschrauben.

Tipp: Zur Geschmacksverbesserung einen Schuss Campari dazugeben. Die Gläser nach dem Füllen für 5 Minuten auf den Kopf stellen und dann umdrehen. Dies verhindert, dass sich unter dem Deckelrand Bakterien ausbreiten.

Kürbis
Grundrezepte

STRUDELTEIG

ca. 2 Strudel | Zubereitungszeit: 20 Minuten (4 Stunden Teigreifezeit)

Zutaten

250 g Mehl (Universal)
20 ml Pflanzenöl
1 Prise Salz
ca. 125 ml lauwarmes Wasser
Pflanzenöl (zum Bestreichen)

Tipp: Wichtig ist generell, Strudel nicht zu dick zu füllen, also maximal mit 8 cm Durchmesser. Am besten mit scharfer Hitze bei ca. 190 °C (Ober- und Unterhitze) anbacken und nach halber Garzeit die Hitze reduzieren. Je nach Füllung ca. 30–40 Minuten backen.

Zubereitung

- Mehl mit Wasser, Salz und Öl am besten mit der Rührmaschine zu einem geschmeidigen Teig verarbeiten. Mit dem Handballen zu einer Kugel schleifen. Mit Öl bestreichen und den Teig in einer Klarsichtfolie (oder in einen Suppenteller eingepackt) ca. 4 Stunden kühl rasten lassen.
- Nach dem Rasten den Teig auf ein bemehltes Tuch legen und ein wenig rechteckig ausrollen. Hände bemehlen und den Teig mit den Handrücken so dünn wie möglich ausziehen. Dabei zuerst den Rand ein wenig nach außen ziehen. Dann mit den bemehlten Händen unter den Teig fahren und gleichmäßig hin- und herbewegen, bis er so dünn geworden ist, dass man eine Zeitung darunter lesen könnte.

KÜRBISKERN-ERDÄPFELHIPPEN

ca. 12 Portionen (als Garnitur) | Zubereitungszeit: 1–1½ Stunden

Zutaten

200 g Erdäpfel (Kartoffeln), vorwiegend festkochend
20 g Butter
2 Eiweiß
Salz
Muskatnuss, gemahlen
2 EL Kürbiskerne, fein gehackt

Zubereitung

- Erdäpfel in der Schale weich kochen. Noch heiß schälen und passieren. Kurz überkühlen lassen.
- Eiweiß zu Schnee schlagen und mit Butter unter die Erdäpfelmasse mengen. Mit Salz und Muskatnuss abschmecken. Auf Backpapier 12 kleine oder 24 sehr kleine dekorative Blätter aufzeichnen und die Masse darauf dünn auftragen. Mit einer Spachtel glatt streichen. Mit Kürbiskernen bestreuen. Im vorgeheizten Backrohr bei 180 °C ca. 6 Minuten goldgelb backen.

Tipp: Schmeckt hervorragend als Knabbergebäck, ist aber auch für dekorative Zwecke sehr gut geeignet.

SAUCE HOLLANDAISE (KLASSISCHE BUTTERSAUCE)

5–6 Portionen | Zubereitungszeit: ca. 10 Minuten

Zutaten

3 Eigelb
300 g Butter
Salz
1 Spritzer Zitronensaft
3 EL Rindsuppe

Zubereitung

- Butter auf milder Hitze zum Schmelzen bringen. Währenddessen in einem Kessel über Dampf Eigelb mit Salz, Zitronensaft und Rindsuppe so lange schlagen, bis die Masse schön schaumig ist.
- Geschmolzene Butter mit einem Schneebesen nach und nach einrühren.

FISCHFOND

ca. 1 Liter Fond | Garungsdauer: 25–30 Minuten

Zutaten

1 kg Fischkarkassen (div. Abschnitte von Seezunge, Steinbutt oder Petersfisch)
2 EL Olivenöl
200 ml trockener Weißwein
200 ml Noilly Prat (oder anderer Wermut)
4–5 (ca. 100 g) Schalotten
5 Knoblauchzehen
200 g Lauch (nur der weiße Teil)
100 g Petersilienwurzel
1 Stange Staudensellerie (ca. 50 g)
4 Champignons
1 Lorbeerblatt
1 Zweiglein Thymian
5 weiße Pfefferkörner, zerdrückt

Zubereitung

- Die Karkassen mit Ausnahme der Köpfe zerkleinern und alles etwa 1 Stunde wässern. Abgießen, mit frischem Wasser auffüllen und wieder stehen lassen. Diesen Vorgang so lange wiederholen, bis das Wasser klar bleibt. Auf ein Sieb gießen und abtropfen lassen.
- Schalotten, Lauch, Petersilienwurzel und Sellerie putzen und klein schneiden. In einem großen Kochtopf Olivenöl erhitzen, die Karkassen bei Bedarf noch kleiner hacken und kurz andünsten. Geschnittenes Gemüse zugeben und ebenfalls andünsten. Mit Wein ablöschen, kräftig aufkochen lassen und Noilly Prat zugießen.
Mit ca. 1 Liter kaltem Wasser aufgießen und erneut langsam erhitzen. Nun Lorbeerblatt, Thymian, Knoblauch, Champignons sowie Pfefferkörner zugeben und ca. 20 Minuten leise köcheln lassen. Den sich bildenden Schaum mehrmals abschöpfen. Den Fond durch ein mit einem Passiertuch ausgelegtes Spitzsieb gießen und erkalten lassen. Danach das Fett von der Oberfläche abheben.

GEMÜSEFOND

ca. 2 Liter Fond | Garungsdauer: ca. 30 Minuten

Zutaten

½ Staudensellerie
200 g Knollensellerie
1 Petersilienwurzel
1 Zwiebel
200 g Lauchabschnitte
Kräuterstiele (etwa von Petersilie und Kerbel)
1 Lorbeerblatt
10 weiße Pfefferkörner

Zubereitung

- Einen großen Topf mit ca. 3 Liter kaltem Wasser aufstellen. Grob geschnittenes Gemüse sowie Gewürze zugeben, aufkochen und ca. 30 Minuten köcheln lassen. Abseihen.

Tipp: Fügen Sie dem Gemüsefond keine Karotten hinzu, da diese dem Fond einen zu süßlichen Geschmack verleihen würden. Da Gemüsefond bei der Weiterverwendung meist noch einreduziert wird und sich dadurch der Geschmack intensiviert, sollte er nicht gesalzen werden.

KALBSJUS (BRAUNER FOND)

ca. 1 Liter Kalbsjus | Garungsdauer: 4–5 Stunden

Zutaten

1,5 kg Kalbsknochen
200 ml guter Rotwein mit wenig Säure
100 ml Madeira
2 Zwiebeln
2 gelbe Rüben
1 Stange Staudensellerie
2 Tomaten
1 ganze Knoblauchknolle, in der Schale quer halbiert
etwas Muskatnuss, gemahlen
5 Erdnüsse
1 Lorbeerblatt
je 1 Zweig Thymian, Rosmarin und Estragon
1 Scheibe Kalbskopf oder geputzte Haxe
2 EL Olivenöl

Zubereitung

- Die Knochen am besten gleich vom Fleischhauer sehr klein hacken lassen, damit die aromatischen Inhaltsstoffe möglichst stark ausgelaugt werden können. Knochen gründlich wässern und gut abtropfen lassen.
- Das geputzte Gemüse in grobe Stücke schneiden. Olivenöl in einem großen Topf erhitzen, Knochen scharf anbraten und nach ca. 10 Minuten, wenn die Knochen schön braun sind, Gemüse und Kalbskopf zugeben. Kräuter, Gewürze und Erdnüsse hinzufügen und kurz anschmoren lassen.
- Mit Rotwein und Madeira aufgießen und unter gelegentlichem Umrühren fast vollständig einkochen lassen. Jetzt 3 Liter Wasser zugießen und im 200 °C heißen Backrohr offen etwa 4 Stunden köcheln lassen. Dabei immer wieder umrühren und bei Bedarf mit Wasser aufgießen. Durch ein Sieb in einen Kochtopf passieren und auf dem Herd noch einmal etwa 20 Minuten bei schwacher Hitze köcheln lassen. Zum Schluss sollte nur noch etwa 1 Liter Flüssigkeit übrig bleiben.

GEFLÜGELFOND

ca. 2 Liter Fond | Garungsdauer: ca. 1 Stunde

Zutaten

1 kg Geflügelkarkassen
3 Zwiebeln
½ Staudensellerie
½ Stange Lauch (nur der weiße Teil)
1 TL weiße Pfefferkörner
4 Wacholderbeeren, angedrückt
1 frisches Lorbeerblatt
1 Knoblauchzehe, angedrückt
etwas Meersalz
100 ml Weißwein, trocken
150 ml Noilly Prat
Eiswasser (zum Auffüllen)
3 EL Butter

Zubereitung

- Lauch in Scheiben, Sellerie sowie Zwiebeln fein würfelig schneiden. Butter erhitzen und Zwiebeln, Sellerie, Lauch, Gewürze und Knoblauch darin anschwitzen. Salzen und mit Weißwein und Noilly Prat ablöschen. Die Karkassen waschen, abtropfen lassen, grob hacken und in den Topf geben. Mit so viel Eiswasser auffüllen, dass alles bedeckt ist. Schwach mit Salz und Pfeffer würzen, aufkochen und bei sanfter Hitze maximal 1 Stunde ziehen lassen. Währenddessen mehrfach abschäumen. Abschließend durch ein Haarsieb passieren und nochmals mit Salz und Pfeffer abschmecken.

LAMMJUS

ca. 500 ml Lammjus | Garungsdauer: 45–60 Minuten

Zutaten

500 g Lammknochen, in kleine Stücke gehackt
100 g Zwiebeln, gewürfelt
50 g Staudensellerie, gewürfelt
2 Knoblauchzehen, angedrückt
1 TL weiße Pfefferkörner
3 vollreife Tomaten, grob geschnitten
150 ml trockener Weißwein
1 l Kalbsfond oder Wasser
Muskatnuss, gemahlen
1 Prise Kümmel (ganz)
1 kleine Kartoffel (vorwiegend festkochend)
1 Lorbeerblatt
2 Zweige Thymian
Salz
weißer Pfeffer aus der Mühle
1–2 EL Butter (zum Anrösten)
2 EL eiskalte Butter (zum Binden)
3 EL aromatisches Olivenöl
Öl (zum Anrösten)

Zubereitung

- Die gehackten Lammknochen in heißem Öl rundum hellbraun anrösten. Öl abgießen und frische Butter zu den Knochen geben.
- Zwiebeln, Sellerie sowie Knoblauch zufügen und mitrösten. Mit Pfefferkörnern und Salz würzen. Geschnittene Tomaten mitsamt dem Saft einrühren und mit Weißwein ablöschen. Fond (oder Wasser) zugießen und Kartoffel hineinreiben (gibt dem Jus eine leichte Bindung). Mit Lorbeerblatt, Thymian, Muskatnuss, Kümmel, Salz und Pfeffer würzen. Aufkochen und 45–60 Minuten sanft köcheln lassen. Dabei eventuell noch etwas Eiswasser zugeben.
- Lammjus durch ein feines Sieb passieren, nach Wunsch entfetten und erneut abschmecken. Etwas einkochen lassen und den Jus mit kalter Butter und Olivenöl montieren (binden).

Tipp: Lammknochen nicht zu dunkel anrösten, da sich sonst störende Bitterstoffe entwickeln.

Register

Vorspeisen & Zwischendurch

Suppen, Risottos, Pasta & Beilagen

Kürbis mit Geflügel, Kalb, Schwein, Rind & Lamm

Kürbis mit Fisch & Krustentieren

Kürbis – Süße Mehlspeisen & Gebäck

Kürbis– Haltbarmachen & Lagern

Kürbis – Grundrezepte

♦ vegetarisch

Anneliese Comanducci zeigt, dass sich die moderne vegetarische Küche durch Kreativität und Abwechslungsreichtum auszeichnet, und führt mit ihrer bunten Rezeptvielfalt aus der regionalen steirischen Küche den ernährungsbewussten Leser auf einen kulinarischen Streifzug durch die Grüne Mark, der weit mehr zu bieten hat als Kernöl und Sterz. In 100 Rezepten präsentiert sie fleischlose Köstlichkeiten: von traditioneller Hausmannskost bis hin zu raffinierten Schmankerln für Buffets und Gästemenüs, ergänzt um rein pflanzliche Gerichte für Freunde der veganen Küche.

Anneliese Comanducci
STEIRISCH VEGETARISCH
100 Rezepte von traditionell bis raffiniert
208 Seiten, 17 x 24 cm
Hardcover mit SU, durchgehend Farbe
€ 24,99 · ISBN: 978-3-85431-624-4

pichler verlag

Essig und Öl sind Balsam für Gaumen und Zunge und aus unserem kulinarischen Kosmos nicht wegzudenken. Exquisite Ölspezialitäten wie Kürbiskern oder Arganöl, hochwertige Olivenöle oder das dunkelgoldene Erdmandelöl haben sich einen Platz in der modernen Küche erobert. Gleiches gilt auch für die breite Palette von Essigen: In raffinierten Marinaden und Dressings, in Suppen und Süßspeisen zaubern sie Frische auf den Tisch.

Hans Peter Fink
EDLES VOM FASS
50 feine Rezepte mit Essig und Öl
Mit Fotos von Kurt M. Westermann
168 Seiten,21 x 21 cm
Hardcover mit SU, durchgehend Farbe
€ 19,99 · ISBN: 978-3-99011-048-5

edition styria